Krieger   DEINE HEILENDEN HÄNDE

Dolores Krieger

DEINE HEILENDEN HÄNDE

Die Heilmethode
THERAPEUTIC
TOUCH

Aus dem
Amerikanischen
von Maria Müller

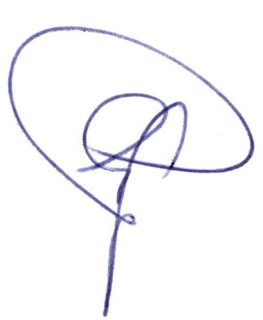

IRISIANA

IRISIANA

Eine Buchreihe herausgegeben von
Margit und Ruediger Dahlke

Die Originalausgabe erschien unter dem Titel
Therapeutic Touch Inner Workbook
bei Bear & Company, Inc., Santa Fe, New Mexico
© 1997 by Dolores Krieger, Ph.D., R.N.

Für Fritz, der mich lehrte, daß das Leben ein Spiel ist
(Sanskrit »lîlâ«),
Und für Dora, die mich lachen lehrte.

Die Deutsche Bibliothek – CIP-Einheitsaufnahme
Krieger, Dolores:
Deine heilenden Hände : die Heilmethode Therapeutic touch /
Dolores Krieger. – Kreuzlingen ; München : Hugendubel, 1999
(Irisiana)
ISBN 3-89631-346-0

© der deutschsprachigen Ausgabe
Heinrich Hugendubel Verlag, Kreuzlingen/München 1999
Alle Rechte vorbehalten

Umschlaggestaltung: Zembsch' Werkstatt, München,
unter Verwendung eines Fotos von G+J Fotoservice/Wartenberg
Produktion: Tillmann Roeder, München
Satz: SatzTeam Berger, Ellenberg
Druck und Bindung: Franz Spiegel Buch, Ulm
Printed in Germany

ISBN 3-89631-346-0

Inhalt

Vorwort

Von Jeanne Achterberg*

Als Dee Krieger mich bat, das Vorwort zu ihrem neuen Buch zu schreiben, war das eine große Ehre für mich, die ich ihr nicht abschlagen konnte. Durch ihre Vision hat die Krankenpflege eine neue Dimension gewonnen. Die von ihr entwickelte Technik, »Therapeutic Touch«, ist nicht einfach nur eine Anleitung zur Hilfe bei Krankheiten, sondern geht als Möglichkeit, die Verfassung der Menschheit anzuschauen, weit darüber hinaus, wie es in der modernen Medizin schon seit langem nicht mehr geschehen ist. Ihre Arbeit ist eine außergewöhnliche Erfahrung für jeden Therapeutic-Touch-Therapeuten, mit der die wahre Natur des Heilers erforscht und gewürdigt wird. Und noch etwas ist in Dees Arbeit, sei dies nun beabsichtigt oder nicht: Als Krankenschwester ebnete sie als Pionierin den Weg für eine neue Dimension in ihrem Beruf, und zwar auf der ganzen Welt. Ihr einzigartiger Status an der Universität New York trug dazu bei, daß das Feld der Krankenpflege und seine klinische Umsetzung neu erforscht wurden.

Zum erstenmal kam ich um 1978 herum mit Dees Arbeit in Kontakt; ich nahm damals an einer der ersten Konferenzen teil, die von der »Nurse Healer's Cooperative« in New York City gesponsert wurde. In der sehr traditionellen Schule, in der ich Fakultätsmitglied war, war Therapeutic Touch so etwas wie ein Fremdwort; ich wußte nichts über dieses Konzept. Doch ich bemerkte, daß mehrere hundert Teilnehmer der Konferenz sich durch ein ganz besonderes Verhalten auszeichneten. Und ich wußte sofort: Falls ich irgendwann einmal der Hilfe oder Heilung bedurfte, wollte ich unbedingt von einem Menschen mit diesen Qualitäten betreut werden.

Im vorliegenden Buch beschreibt Dee die phänomenologische Erfahrung von Therapeutic-Touch-Therapeuten, die Bewußtseinsaspekte des Heilers, die mich damals so verwirrten und beein-

* Jeanne Achterberg ist Herausgeberin der amerikanischen Zeitschrift *Alternative Therapies in Health and Medicine* und Autorin vieler Bücher über das Thema Heilen (vgl. Literaturverzeichnis).

11

druckten. Das Zentrieren, um ganz bei der zu heilenden Person zu sein, und die fokussierte Intentionalität der Aufmerksamkeit sind vielleicht wirklich das Herzstück jeder Intervention, die der Heilung dient; alle anderen Hilfen, Fähigkeiten und Medikamente sind dann nur das zu beobachtende Vehikel für die Heilübertragung.

Die Kraft zwischenmenschlicher Verbindungen ist etwas sehr Erstaunliches. Wir gehen normalerweise nicht unbedingt wohlwollend miteinander um. Durch Beziehungen werden wir gesund oder krank. Die Forschung besagt, daß wir durch unsichtbare Bande in einem riesigen kosmischen Netz miteinander verbunden sind. Frühere Kulturen wußten darüber durchaus Bescheid. Gedanken und Emotionen reisen anscheinend durch Zeit und Raum, tanzen durch Träume und Tagträume und sogar durch den physischen Körper anderer Menschen. Unsere Aufgabe ist es nun, diese Tatsache ins Bewußtsein zu holen, die heilige Natur menschlicher Beziehungen bewußt wahrzunehmen. In der Krankenpflege ist dies ganz besonders wichtig. Die Arbeit, die Dee beschreibt, **ist** ein reiner Akt der Einbeziehung zwischenmenschlicher Beziehungen in den Heilprozeß.

Dieses Buch ist ein »Inner Workbook«, also ein Buch für die innere persönliche Arbeit. Es steckt voller Erfahrung und Wissen und ist gleichzeitig eine geistige Herausforderung für den Intellekt, denn es wird ein Zusammenhang hergestellt zwischen den neuesten Erkenntnissen der Forschung und den Überlieferungen alter spiritueller bzw. esoterischer Traditionen. Das Energiekonzept ist beispielsweise eines der kontroversesten (und deshalb auch aufregendsten) Gebiete in der alternativen bzw. Komplementärmedizin; dazu zählt sicherlich auch Therapeutic Touch. Um seine Natur wirklich zu verstehen, muß man unbedingt die zugrundeliegende Forschung, seine persönlichen Erfahrungen und den goldenen Strom zeitloser Weisheit mit einbeziehen, so wie Dee es getan hat.

Die Arbeit, die auf den folgenden Seiten so luzide beschrieben wird, verändert das Leben vieler. Meines hat sich mit Sicherheit verändert.

Vorwort und Danksagung

Im Buch »Die Heilkraft unserer Hände«, 1995 im Bauer Verlag, Freiburg erschienen, stellt Dolores Krieger die Heilmethode Therapeutic Touch erstmals fundiert und mit praktischen Anleitungen dar. Das vorliegende Buch ist eine persönliche Erforschung des Heilaktes im Therapeutic-Touch-Kontext und konzentriert sich auf diese erweiterte Erfahrung.

Wie bei den östlichen Kampfkünsten muß ein Heiler nicht nur die Techniken meisterhaft beherrschen, sondern auch sich selbst. Die Techniken sind beim Therapeutic Touch eher sogar zweitrangig. Die Beherrschung des Selbst wird beim Therapeutic Touch durch einen einzigartigen Aspekt ausgelöst, bei dem der Therapeut zu Beginn der Therapeutic-Touch-Sitzung sein Bewußtsein zentriert. Doch im Gegensatz zu anderen Heilmethoden, bei denen die Techniken seriell, also nacheinander eingesetzt werden, arbeitet Therapeutic Touch mit parallelen Prozessen, was bedeutet, daß der Therapeut während der ganzen Sitzung zentriert bleibt, auch beim Anwenden der wesentlichen Therapeutic-Touch-Heiltechniken.

Zweifellos macht gerade diese andauernde Sensitivität für die höheren Ebenen des Selbst die große Kraft des Therapeutic Touch aus. Während des Prozesses wirkt sich dieser Akt des Nach-Innen-Gehens nachdrücklich auf die Person aus. Die subtile Transformation eröffnet dem empfänglichen Therapeuten, der sich mit Mitgefühl in den Dienst derer stellt, die ihn brauchen, neue Möglichkeiten, und zeigt potentielle Fähigkeiten und Talente auf. Diese mehr persönliche Ebene des Therapeutic Touch wurde noch nicht eingehend untersucht – die Ebene, auf der sich die tiefen Kräfte des Mitgefühls einer pragmatischen Gesellschaft offenbaren, die sich der ungeheuren Kraft des inneren Selbst kaum bewußt ist.

Das vorliegende Buch ist ein Versuch, diesen inneren Moment des Heilprozesses zu erfassen und die innere Arbeit des Heilers bzw. Therapeuten zu erforschen, und zwar mit Hilfe von kreativen Bildern, Metaphern, Analogien und vor allem mit speziellen Übungen, die als Herausforderung für den erfahrenen Therapeuten entwickelt worden sind. Im Dialog mit dem Leser wird ausführlich auf das Grundwissen und die Implikationen des Therapeutic Touch eingegangen. Ein Ziel des Buches ist es, die innere Reise des Therapeuten, der zum Heiler wird, mit mehr Bewußtsein zu füllen. Weiterhin möchte es dazu beitragen, daß Therapeutic Touch effektiver in Theorie und Praxis vermittelt werden kann. Es enthält kreative und ergiebige Fragen für zukünftige Forschung sowie theoretische Grundlagen für Therapeutic Touch als Heilmethode und einzigartigen Weg persönlichen Wachstums.

Die Einsichten und Erfahrungen, die in das vorliegende Buch eingeflossen sind, entwickelten sich über die letzten sechs bis sieben Jahre hinweg, doch erst vor kurzem habe ich die Botschaft wirklich verstanden: Immer wieder kam es in Vorlesungen und Unterrichtsklassen vor, daß ich Informationen über die tieferen Ebenen des Therapeutic Touch weitergeben wollte, mich aber ein starkes Gefühl der Vorsicht davon abhielt, und ich im Geiste so etwas hörte wie:»Langsam, langsam, Krieger. Laß sie (die Studenten) mit Therapeutic Touch arbeiten und dann selbst auf diese Ideen kommen. Gib ihnen die Chance, sie ganz durchzudenken. Füll sie nicht mit Wissen auf, dränge sie nicht dazu, sondern laß es zu einer ganz persönlichen Erfahrung für sie werden.«
Erst vor zwei Jahren erkannte ich dann plötzlich, daß es gar nicht um»sie« ging, sondern um **mich**. Ich selbst mußte den tieferen Gehalt des Therapeutic Touch so gut erkennen und verstehen, daß ich diese Erfahrungen in einem geeigneten Kontext gut weitergeben und lehren konnte. Dies war eine Herausforderung für mich: die Dynamik dieser sehr engen Beziehung zwischen Heiler und Klienten in ihrer ganzen Tiefe zu erforschen, meine Ideen dazu in der Klasse und in Workshops zu überprüfen, die Ergebnisse zu analysieren und sie dann niederzuschreiben. Während des Schreibens verbanden sich in mir strenge Analyse und kreative Freiheit zu einer persönlich sehr konfrontativen, befriedigenden und aufregenden Arbeit. Die Stimmung, in die mich diese Erfahrung brachte, ist wohl ähnlich der Erfahrung von anderen tief meditativen Erlebnissen. Und genau wie in der Meditation wurden durch die gewonnenen Einsichten die Grenzen meiner kleinen Welt erweitert.

Im Rückblick wurde mir klar, daß ich mehreren Menschen persönlich zu tiefem Dank verpflichtet bin. F.L. Kunz trug entscheidend zum Gelingen meiner Arbeit bei; ich lernte, viele zusammenhängende Fakten zu sammeln, die ihnen zugrundeliegenden Prinzipien zu suchen und daraus Konzepte zu entwickeln, die die in der Masse an Informationen verborgenen Ideen klar veranschaulichten und integrierten.

Persönlich zu Dank verpflichtet bin ich auch Emily B. Sellong; schon ganz zu Beginn meiner Erforschung der Heilansätze ermutigte sie mich, dabei nach meiner eigenen, persönlichen Interpretation des Lebens zu suchen.

Drittens, und am allermeisten, danke ich Dora Kunz, die meine Mentorin war, mich inspirierte und unterstützte. Tatsächlich war sie es, die mir das Lachen beibrachte, vor allem über meine eigenen, seltsamen Absurditäten. Seit einem Vierteljahrhundert ist diese Beziehung für mich eine Quelle der Freude und des Stolzes; ich bin unglaublich stolz darauf, daß wir zusammen Therapeutic Touch entwickelt haben.

Auf der professionellen Ebene möchte ich vor allem Jeanne Achterberg meinen Dank aussprechen; ihr Verständnis von Heilung als Akt des Mitgefühls, in dem Geist und Emotionen auf natürliche Weise zusammenarbeiten, um die lebendige Harmonie der Gesundheit herzustellen, war wegweisend für die einzigartige Interpretation der inneren Prozesse, die zu diesem Zustand führen. Ihre Forschungsarbeiten, vor allem mit Krebspatienten, zeigen ganz klar, in welch unerwartetem Ausmaß die geheimnisvollen Bereiche des Unbewußten bei der Selbstheilung beteiligt sind. Sie ist ein Vorbild für viele von uns, und ich bin stolz darauf, daß sie für mein Buch das Vorwort geschrieben hat.

Außerdem danke ich Barbara und Gerry Clow für ihre Unterstützung in verlegerischen Angelegenheiten. Sie brachten mir bei, den Wert eines richtig gesetzten Kommas und die Kraft des geschriebenen Wortes zu schätzen sowie richtiges »Timing«.

Mein Dank gilt auch Sarah F. Zarbock für die Überprüfung von physiologischen Entsprechungen; ebenso danke ich Patricia Stewart, die unartikulierte Ideen in illustrative Grafiken verwandelte.

Jody Winters, Publizistin bei Bear & Company, erstaunt mich immer wieder durch ihren hohen Standard und ihre hervorragende

Arbeit. Insgesamt danke ich der gesamten Bear & Company Belegschaft für ihre Freundlichkeit und die vielen Liebenswürdigkeiten, die sie mir zuteil werden ließen.

Mein besonderer Dank gilt der »Nurse Healers – Professional Associates, Inc.« dafür, daß sie mir die Adressen von Institutionen zur Verfügung stellten, an denen Therapeutic Touch praktiziert und gelehrt wird. Vor allem Janet Ziegler, Koordinatorin bei NH-PA, und Barbara Denison, Vorsitzende des Bereiches Programme und Ausbildung, haben dies ermöglicht. Nancy Lehwalder, Musiktherapeutin, machte mir den technischen Hintergrund der Harmonielehre für die Übung Nr. 5 bewußt: »Die Lektion der Glocken«.

Und wie immer gilt mein letztes Dankeschön den Generationen von »Krieger's Krazies«, von denen ich so viel lernte, auch während ich ihre Lehrerin war.

Juli 1996   *Dolores Krieger*, Ph.D., R.N.
                                       »The Rockery«
                                       Columbia Falls, Montana

Einführung

Warum möchte ich ein Heiler sein?

Warum möchte ich ein Heiler sein? Warum möchte ich ein Heiler sein? Wie ein Refrain klingen diese Worte in meinem Kopf. Entschlossen steige ich den Berg hoch, meine verkrampften Muskeln verspannen und entspannen sich. Wie von einer inneren Uhr getrieben, suchen meine Fingerspitzen und Zehen die kleinen Vorsprünge in der steilen, glatten Felswand, suche ich Halt an einer Baumwurzel oder einem Stück Felsen. Wie in einem Ritualtanz zwischen der starken Person, die ich bin, und meinem fragenden Geist treibt mich diese hartnäckige Frage mit ihrem Stakkato-Rhythmus hinauf auf den Bergkamm.

Ab und zu rinnt mir der Schweiß über die Augenbrauen in die Augen, so daß ich jeden Schritt durch einen Film meiner eigenen Körperflüssigkeiten wahrnehme. Ich drehe mich um und nehme Sie, meinen Leser, wahr, der vielleicht, so wie ich auch, auf der inneren Suche ist. Ich halte an und lade Sie ein, mit mir zu kommen auf dem Weg durch die geführten Bilder, um eine persönliche Antwort auf die immer wiederkehrende Frage zu finden: *Warum möchte ich ein Heiler sein?* Dann lege ich einige der wichtigsten Folgerungen und Annahmen vor, mit deren Hilfe persönliches Engagement im Heilakt als Lebensstil unserer Zeit rational erklärbar, wenn auch nicht unbedingt verständlich werden könnte.

Geführte Bilder sind ausgezeichnet dafür geeignet, die verborgenen Orte der Psyche zu erreichen, mit denen wir uns oft nicht direkt auseinandersetzen können. In vorliegendem Arbeitsbuch wird dieses Werkzeug sehr oft eingesetzt. Wir haben so die Möglichkeit, Aspekte unseres inneren Selbst zu erforschen, die beim Heilakt beteiligt sind.

Die einzige Voraussetzung für diese faszinierende Erfahrung ist die Bereitschaft, sich auf die hochkommenden Bilder einzulassen. Es ist empfehlenswert, sich diese Bilder entweder – mit geschlossenen Augen – vorlesen zu lassen oder sie sich – deutlich und nicht zu schnell – auf Tonband zu sprechen und dann abzuspielen. Lassen Sie sich dabei wirklich Zeit, damit Sie später, beim Abhören, in Ruhe auf die Bilder reagieren können. Nach jedem Absatz machen Sie eine kleine Pause, um später an dieser Stelle ein wenig nachdenken zu können. Im Anhang finden sich Empfehlungen für das Niederschreiben und die spätere Analyse des Materials. Jetzt ein Beispiel.

ERFORSCHUNG DES SELBST, TEIL 1
Der Dialog in der Höhle

Materialien: Stift, Papier und Kassettenrecorder.

Ablauf: Schließen Sie die Augen und stellen Sie sich folgendes vor: Sie interessieren sich für Therapeutic Touch und haben bereits einige Techniken ausprobiert. Sie haben festgestellt, daß Sie anderen helfen können. Sollten Sie sich mehr Zeit dafür nehmen? Dann müssen Sie eventuell Ihre Weltsicht und Ihren Lebensstil ändern, müssen die Verletzlichkeit akzeptieren, die die mitfühlende Sorge um andere mit sich bringt. Deshalb sollten Sie, bevor Sie eine endgültige Entscheidung treffen, genau überlegen, warum Sie ein Heiler werden wollen. Um dafür den Kopf frei zu haben und sich aller Verpflichtungen zu entledigen, wollen Sie alleine in den nahegelegenen Bergen wandern gehen.

Nach dem Gang durch das Hinterland steigen Sie langsam den Berg hoch. Je höher Sie kommen, desto steiler wird es. Doch noch immer haben Sie keine Antwort auf die Frage gefunden: *Warum möchte ich ein Heiler werden?* Deshalb steigen Sie immer höher.

Die Sonne wärmt Ihren Rücken, Sie hören beim Überqueren einer steilen Böschung das Knirschen des Gerölls unter den Füßen. Doch über Ihnen lockt der nahe Gipfel, und Sie zwingen sich weiterzugehen.

Oben auf dem Kamm nehmen Sie einen Kiefernast beiseite, der Ihnen die Sicht versperrt. Unter sich können Sie nun ein Tal sehen, das sich zu dem Berg erstreckt, der Ihr Ziel ist. Mit dem Fernglas können Sie einen auffallenden Einschnitt im Gestrüpp am Fuß des Berges sehen; er ist bei Ihrem Marsch hinunter ins Tal Ihr Führer.

Als Sie näherkommen, entpuppt sich die seltsame Form am Fuße des Berges als ein zerklüftetes Gelände, dessen Schatten seine Tiefe andeuten. Schließlich können Sie erkennen, daß die Narben im Gelände durch abrutschende Felsen entstanden sind; dahinter kommt eine Höhle zum Vorschein. Sie spüren, daß diese Höhle eine besondere Botschaft für Sie bereithält, und eilen auf den Eingang zu. Als Sie die Höhle betreten, verschwinden sämtliche Befürchtungen. Sie spüren, daß Sie willkommen sind und schon einmal hier waren. In der Höhle ist es angenehm kühl. Ihre Augen gewöhnen sich an das Dämmerlicht, und Sie erkennen hohe, gewölbte Wände, die mit altertümlichen Symbolen bedeckt sind. Die uralten Bilder darüber erstrahlen in noch immer leuchtenden Farben. Mit dem Rucksack als Kissen liegen Sie auf dem Boden und betrachten diese Bilder. Seufzend legen Sie sich zurück und genießen die sanfte, kühle Brise aus den Tiefen der Höhle. Das leichte Geräusch von Wasser, das in ein Becken tropft, ist zu hören. Sie lauschen dieser rhythmischen Musik einen Augenblick lang.

Dann gilt Ihre ganze Aufmerksamkeit den Symbolen und Bildern, Sie nehmen konzentriert die Einzelheiten in sich auf.

In welcher Stimmung sind Sie jetzt?

Reagiert Ihr Körper auf die Symbole an der Wand? Können Sie Ihre eigene, subtile Körpersprache interpretieren?

Spüren Sie, was die Bilder Ihnen sagen wollen? Erwecken Sie die Erinnerung an eine bestimmte Erfahrung, an einen bestimmten Menschen?

Lassen Sie Ihre geistigen Bilder frei fließen, bis eines schließlich Bedeutung für Sie hat. Entspannen Sie sich, während Sie die Bilder an der Wand betrachten, lassen Sie Ihren Geist für sich arbeiten.

Die nächste Frage lautet: Wenn Sie eine Ihrer Fragen jetzt beantwortet bekämen, wie würde die Antwort lauten? Nehmen Sie sich ein paar Minuten Zeit, um diese Möglichkeit zu erforschen; wenn Sie wollen, können Sie dabei ein Zwiegespräch mit jemandem führen, der diese Erfahrung Ihrem Gefühl nach mit Ihnen teilt.

Nach dem inneren Dialog behalten Sie das Gelernte im Bewußtsein und kehren mit langsamen Bewegungen von Füßen und Händen in den Zeitstrom der Wirklichkeit zurück. Schreiben Sie Ihre Erfahrungen nieder.

Können Sie nun die Antwort auf die Frage erahnen? *Warum möchte ich ein Heiler sein?* Was diese Frage impliziert, werden wir auf den nächsten Seiten betrachten. Sind Sie interessiert? Dann kommen Sie mit mir!

Kapitel 1
Humanisierung der Energie

Eine Frage der Energie

»Ich spürte pulsierende Energiewellen durch mich fließen, fühlte Kraft wie von jemandem, der hinter mir steht und mich unterstützt. Mein Körper war stabiler, und ich hatte ihn besser unter Kontrolle. Ich hätte nicht gedacht, daß ich mich jemals wieder so fühlen könnte. Es war, als hätte man mir mein Leben zurückgegeben.«

So beschrieb eine Frau ihre Erfahrung mit einer von mir ausgeführten Therapeutic-Touch-Behandlung einen Tag nach ihrem Herzanfall. Inzwischen behandelte ich sie seit acht Tagen mit Therapeutic Touch. Doch am Anfang, nach einer halbseitigen Lähmung, war die Diagnose des Arztes für diese selbständige Frau ein furchtbarer Schlag. Ich betrachtete ihre linke Gesichtshälfte, die noch vor einer Woche so schlaff war, daß sie nur undeutlich sprechen und kauen konnte. Jetzt war die Gesichtsmuskulatur wieder symmetrisch, die Sprache klar und deutlich, und ihr Gleichgewichtssinn wieder soweit hergestellt, daß sie mit minimaler Unterstützung vom Bett in den Rollstuhl wechseln konnte.

Später an diesem Tag ging ich mit meinen Hunden zum Strand hinunter und schaute ihnen beim Spielen zu. Meine Gedanken wanderten zu dem Gespräch zurück. Vor allem der Satz von den »pulsierenden Energiewellen« ging mir nicht mehr aus dem Kopf. Seit 23 Jahren praktizierte ich nun Therapeutic Touch, seit Dora Kunz und ich diese Therapieform entwickelt hatten. Heilen war für mich immer ein natürliches Potential gewesen, daß fast jeder verwirklichen konnte. Mit der Zeit, nach Jahren klinischer Beweise und umfangreicher Studien, war ich überzeugt, daß Therapeutic Touch in bestimmten Fällen sehr effektiv sein konnte. Es war für mich eine Erweiterung meiner beruflichen Fähigkeiten. Doch erst jetzt erkannte ich mit erschütternder Klarheit, daß durch den Heilprozeß organische Veränderungen vonstatten gegangen waren. Körpergewebe waren wieder am richtigen Platz und funktionierten wieder ganz normal. Dieser Gedanke brachte mich ziemlich aus der Fassung, denn obwohl ich an der Heilung beteiligt war, konnte ich es nicht verstehen, zumindest nicht in meinem kulturellen Umfeld, in dem praktisch nur rationale Erklärungen akzeptiert wurden. Eine solche Erklärung konnte ich allerdings nicht finden.

Und wieder kamen mir ihre Worte in den Sinn:»... ein pulsierender Energiestrom«. Ihr Eindruck war richtig, das spürte ich. Doch was bedeutete der Ausdruck *Energie* in diesem Zusammenhang? Während ich nach meinen Hunden pfiff und nach Hause ging, ließ mich diese Frage nicht mehr los: *Was ist eigentlich Energie?*

ERFORSCHUNG DES SELBST, TEIL 2
Energiemuster: Ein Therapeutic-Touch-Libretto

Energie ist allgegenwärtig, oder, um mit Einstein zu sprechen: $E=mc^2$; sie ist alles und überall, wenn auch in unterschiedlicher Form: Sie kann ein feuriger Blitz am Himmel sein, schwarzer Schornsteinrauch, ein Stück verrostetes Eisen am Wegrand.

Energie gibt es nicht nur auf der physischen Ebene, sondern auch auf der emotionalen, gedanklichen und Bilderebene, und vielleicht ist sie sogar das Ziel, nach dem wir streben. Es ist der Stoff, durch den wir leben und sterben, die Essenz aller Erfahrung.

Energie ist etwas so Allgegenwärtiges, daß wir ihres Zaubers hinter den vielen Verkleidungen nicht mehr gewahr werden – in dem Bruchteil eines Moments, innerhalb einer Nanosekunde oder eines Lidschlags kann sie sich in tausend verschiedene Dinge verwandeln und sich immer und immer wieder verändern.

In der Stille solcher Augenblicke, wenn sie im starren Netz von Raum und Zeit eingefangen sind, versehen wir all die verschiedenen Energiemanifestationen mit Namen, doch all das ist natürlich nur eine Illusion. Um ein Gespür für die unendlich große Vielzahl energetischer Muster zu bekommen, sollten Sie Ihrer Phantasie ein paar Minuten freien Lauf lassen. Seien Sie empfänglich für die lebendigen Visualisierungen, die Ihnen spontan in den Sinn kommen, wenn ich Ihnen nahebringe, wie Energie sich in Mustern manifestiert. Am besten schließen Sie dazu leicht die Augen und lassen sich einfach treiben, während Sie im Geist die Worte hören, die Ihnen jemand vorliest oder die vom Band abgespielt werden. Lassen Sie sich von diesen Worten die unglaubliche Vielzahl unterschiedlichster Transformationen zeigen.

Energie strahlt,
bricht aus,
geht hinaus,
Energie hat Projektionen,
ergießt sich,
pulsiert,
Energie schwillt an,
mit kleinen Wellen innerhalb der Wellen,
Wellen kräuseln sich,
in Schauern,
schimmernd,
schillernd,
Energie zerstäubt und wirbelt,
ihr unaufhörlicher Fluß,
eilt dahin,
steigt an
und fällt.
Energie erzeugt Myriaden
von funkelnden Wellen,
rhythmischen Gezeiten,
sie fällt
und dreht sich,
kehrt um.
Ströme einer fließenden Zeit,
gegen die Leere
der Zeitlosigkeit.

Schreiben Sie Ihre Eindrücke über Energie auf, dann kann es weitergehen mit dem Erforschen des Energiebegriffs.

Die Frage kam mir in jedem müßigen Moment immer wieder in den Sinn, und ein paar Tage später fügten sich ein paar weitere Puzzleteilchen zusammen. Ich besuchte meine Nachbarn, Carol und Henry. Seit drei Jahren tauschten wir Tips über das Gärtnern und über Handwerker aus. Carol war gerade schwanger, und beide freuten sich auf ihr erstes Kind, das in drei Wochen auf die Welt kommen sollte. Wir saßen zusammen und bereiteten Briefumschläge für die Geburtsanzeige vor. Wenn es ein Junge werden sollte, sollte er Martin, ein Mädchen Adriana heißen. Das Baby bewegte sich ziemlich heftig, und Carol bat mich um eine entspannende Therapeutic-Touch-Behandlung. Tatsächlich beruhigte sich das Kind. Ich fragte Henry, ob er nicht einmal das Lebensenergiefeld des Babys wahrnehmen möchte. Henry schaute mich an, als ob ich nicht mehr ganz bei Trost sei.

»Probier's mal«, sagte ich. »Mach einfach, was ich dir gezeigt habe. Zentriere dich und mach eine Energieeinschätzung an Carols Bauch, so wie ich, dann sag mir, was du spürst.«

»Ja Henry, mach doch«, bat Carol. »Ich möchte dich so gern an dieser Erfahrung teilhaben lassen.«

Diese Bitte konnte Henry ihr nicht abschlagen, und so ging er langsam zu Carol, mit einem komischen Gesichtsausdruck. Er machte die Augen leicht zu, zentrierte sich und streckte die Hand nach Carols Bauch aus. Einen Augenblick lang war er ganz still, doch dann öffnete er überrascht die Augen.

»Ich habe ihn gespürt!«, rief er mit ganz heiserer Stimme. »Ich hab ihn nicht berührt, aber gespürt!«

Carol stand auf und umarmte ihn. Sie teilten sich ihre Erfahrungen mit, voll gegenseitigen Verstehens.

Auf dem Nachhauseweg dachte ich über diesen unerwarteten glücklichen Moment nach. In Kürze würde ein neues Leben geboren werden, ein Individuum mit ganz eigenem Charakter, das sich bald lauthals der Nachbarschaft bemerkbar machen würde. Doch noch war es ein stilles Mysterium im schützenden Mutterleib, ein weiteres Rätsel. Wie schon Generationen vor mir, die das Wunder der Schwangerschaft erlebt hatten, war ich voller Staunen über die wahre Gnade in der vorgeburtlichen Zeitspanne.

Beim Gedanken an das Wunder der Geburt übermittelte mir mein Geist die nüchterne Botschaft, daß das, was das Kind lebendig machte, die Animation war, lebende menschliche Energie. Ich dachte diesen faszinierenden Gedanken weiter. Wie integriert der Lebensprozeß die Energien, die das Leben selbst ausmachen? Auf welche Weise kommt Energie in den physischen Körper und macht ihn lebendig?

Mit einem Hauch von Schuldbewußtsein – wahrscheinlich, weil ich während des Studiums diesem Thema nicht die notwendige Aufmerksamkeit gezollt hatte – ging ich zum Bücherregal. Bioenergetik konnte mir die Antwort geben, da war ich mir sicher.

Bioenergetik beschäftigt sich mit den Mechanismen, durch die verwertbare Energie erzeugt, übertragen und so manipuliert wird, daß sie in biologischen Systemen wirken kann. Ich forschte weiter und erkannte, daß ein wichtiger Hinweis in der ungewöhnlichen Molekularstruktur des Proteins steckte, durch die es zu einer dreidimensionalen Feder wurde. Und es bestätigte sich, was ich schon halb geahnt hatte: Wasser ist die Quelle des Lebens, die auch die Proteinfeder belebt.

Die Feder wird durch den Wärmeaustausch in Bewegung versetzt, der stattfindet, wenn Wassermoleküle mit dem Protein zusammenprallen und die Proteinfeder in Schwingungen versetzen. Diese Oszillation findet immer wieder zwischen kontrahiertem und ausgedehntem Zustand statt, und an den beiden Extrempunkten dieses Zyklus wird kinetische Energie permanent in potentielle Energie umgewandelt und umgekehrt. Auf dieser Mikroebene können wir uns das Protein als Einheit wie ein riesiges Energielager vorstellen, mit drei untereinander konvertierbaren Energieformen: elektrische, mechanische und chemische Energie. Die Theorie besagt, daß sich die Dipole und die Ladung beim Schwingen des Proteins zeitweise trennen und so *elektrische* Energie erzeugen. Dabei verändert sich auch periodisch die relative Position der Moleküle, wodurch *mechanische* Energie entsteht. Und durch den Aufbau und Zerfall chemischer Verbindungen entsteht *chemische* Energie. Protein macht etwa 40 Prozent des Körpers aus; und so war es für mich leicht nachvollziehbar, daß diese unzähligen Mikroabläufe im Dienste des Menschen mächtige innere Kräfte freisetzten.

Na gut, dachte ich, daß ist eine nette Erklärung, zwar mechanistisch, aber so ist das nun mal: Man hat eine Frage, und jetzt hat man eine Antwort, die im Teströhrchen demonstriert werden kann.

Teströhrchen? dachte ich, Teströhrchen? Was ist dabei eigentlich mit dem Baby passiert?

Diese unerwartete Frage setzte unerwartete Erinnerungen in Gang: Erinnerungen an Frühgeburten ohne echte Lebenszeichen, die trotz aller ärztlichen Mühen für klinisch tot erklärt und extubiert worden waren. In mehreren Fällen nahm die Krankenschwester auf der Intensivpflegestation das anscheinend tote Baby still in den Arm und behandelte es mit Therapeutic Touch. Die Fälle, in denen Babys tatsächlich wieder ins Leben zurückgerufen werden konnten, sind zu zahlreich, um sie einfach abzutun. Die Babies wurden wieder intubiert und intravenös angeschlossen und durften schließlich irgendwann zu ihren glücklichen Eltern nach Hause. Was war in diesen Fällen, wo die Uhr wieder zu schlagen anfing, mit den Proteinfedern geschehen? Unbewegliche Massenträgheit hatte sich in einen lebenden, fließenden Zyklus verwandelt – doch wodurch? Ich dachte an den scheinbar so einfachen Prozeß des Therapeutic Touch, der in diesen Frühgeburtsstationen stattgefunden hatte. *Was war der entscheidende Faktor?*

Intentionalität:
der notwendige Geist-Faktor

Schon in den Anfangsstadien des Therapeutic Touch erkannten Dora Kunz und ich, daß ein grundlegendes Konzept für die Wirksamkeit die Intentionalität war, mit der der Therapeut die Lebensenergien ins Gleichgewicht brachte. Intentionalität bedeutet in diesem Zusammenhang nicht nur Willenskraft und Absicht – also beispielsweise zu wünschen, daß die Person wieder gesund wird –, sondern impliziert auch, daß es ein geistiges Ziel für das Objekt der Intention gibt. Logischerweise hieße das, daß Therapeutic Touch ein bewußter geistiger Akt ist, ausgeführt von einer Person, die sich mit den therapeutischen Funktionsweisen des menschlichen Lebensenergiefeldes auskennt. Wieder dachte ich daran, wie die Krankenschwestern durch die heilende Energie des Therapeutic Touch diesen Babies geholfen hatten. Und da erkannte ich, daß der Energiefluß natürlich durch den Geist gelenkt wird. Die Dynamik der Intentionalität brachte die Uhr wieder zum Laufen, so daß die Proteinfeder wieder schwingen konnte und das Leben weiterging.

ERFORSCHUNG DES SELBST, TEIL 3
Präsent sein: Intentionalität üben

Die Übung

1. Sie sitzen aufrecht, aber entspannt in einem Stuhl oder auf dem Boden und legen eine Handfläche auf den Unterbauch, circa sieben Zentimeter unterhalb des Nabels.

2. Dann atmen Sie ruhig zwei- bis dreimal durch die Nase ein; nehmen Sie dabei das Auf und Ab Ihrer Bauchmuskeln wahr:
   Einatmen – Pause – ausatmen – Pause
   Einatmen – Pause – ausatmen – Pause
   Einatmen – Pause – ausatmen

3. Nun führen Sie die Übung noch einmal durch; beim Ausatmen bringen Sie diesmal den Atem hinunter in den Unterbauch und atmen durch Ihre Hand aus.
   Einatmen – Pause – durch die Hand ausatmen – Pause
   Einatmen – Pause – durch die Hand ausatmen – Pause
   Einatmen – Pause – durch die Hand ausatmen – Pause

4. Schreiben Sie Ihre Erfahrungen nieder. War es für Sie schwierig, durch die Hand auszuatmen? Wie fühlte es sich an? Können Sie auch dann durch den Unterbauch ausatmen, wenn Ihre Hand nicht dort liegt?

Anmerkung: Den meisten Menschen fällt es leicht, durch den Bauch auszuatmen. Strengen Sie sich dabei nicht zu sehr an. Eigentlich ist es ein ganz natürlicher Vorgang: Wenn wir einem bestimmten Körperteil, zum Beispiel, wenn etwas weh tut, Aufmerksamkeit zukommen lassen, berühren wir ihn, und die helfende Energie geht zu dieser Stelle. Auch die Intentionalität beim Therapeutic Touch führt Energie an eine bestimmte Stelle. Deshalb können wir die Übung noch erweitern:

5. Sie wiederholen den letzten Teil, allerdings mit dem Unterschied, daß Ihre Hand diesmal nicht direkt auf dem Bauch liegt, sondern Sie sie nur darüber halten. Können Sie wahrnehmen, was beim Ausatmen im Handchakra passiert?

6. Schreiben Sie auf, was sie soeben erlebt haben. Konnten Sie den Energiestrom im Handchakra spüren? Wie hat es sich angefühlt?

Diese Erfahrung sollte frei von Anspannung gewesen sein. Haben Sie gespürt, wie mühelos die Energie an die Stelle geflossen ist, an die sie der Geist hingelenkt hat? Auch Therapeutic Touch hat dieses einfache Wirkungsprinzip der Intentionalität. Es funktioniert sowohl bei Ihnen selbst als auch bei anderen Personen. Führen Sie sich noch einmal die Geschichte der Frühgeburten vor Augen. Die Schwestern auf der Pflegestation waren nicht einfach nur »Mutterersatz«; sie handelten mit Intentionalität und Intelligenz. Wir werden im folgenden noch einmal auf diese scheinbar so einfache Übung zurückkommen und sie aus einem anderen Blickwinkel betrachten.

Mustererkennung des Lebensenergiefeldes

Intentionalität beim Therapeutic Touch scheint ihre Grundlage in den einzigartigen Nebeneffekten zentrierter Bewußtheit zu haben. Vor allem Meditationsmeister, für die Zentriertsein ein unbedingtes Muß ist, wissen, daß ein zentriertes Bewußtsein auf eine sehr tiefe geistige Ebene führt, wo Muster sehr wohl Sinn haben.

Die Natur spricht zu uns in Mustern. Beim Therapeutic Touch liegt die Botschaft in den Mustern des Lebensenergiefeldes. Für uns sind sie als *Zeichen*, beispielsweise in Form von plötzlicher *Hitze*, *Kribbeln*, *Blockaden* und anderen körperlichen Empfindungen erkennbar. Dadurch werden Disharmonien oder Störungen im Lebensenergiefeld des Patienten aufgedeckt.

Lebensenergien tendieren dazu, sich in Gruppen oder auf bestimmten Ebenen zusammenzutun, und die daraus resultierenden

Muster unterscheiden sich energetisch voneinander. Auf der körperlichen Ebene sind diese Muster als »funktionale Attribute« bekannt und machen sich in der Persönlichkeit unter anderem als Verhaltensweisen, Gewohnheiten oder emotionale Stimmungen bemerkbar. Bei Depressionen zum Beispiel zeigen sich solche Muster in den Handchakren: Sie fühlen sich schwer, träge oder blockiert an, ohne Vitalität. Neue Muster (*Repatterning*) werden nach dem Prinzip des »Gegenteils« angelegt: Bei Hitzeempfinden wird die Stelle gekühlt, bei Blockaden der Druck gelöst, Rhythmusstörungen werden synchronisiert, ein Kribbeln gedämpft.

Das Leiten und Ausrichten der Lebensenergie geschieht durch Intentionalität, und zwar nicht nur durch Kraft in Form von Willen, sondern auch durch bewußte, überlegte Aktion. Man könnte sogar noch einen Schritt weitergehen, ohne deswegen die Grenzen der Logik zu überschreiten, und sagen, daß letzteres voraussetzt, daß es auf der Ebene X eine wissende Verbindung gibt zwischen dem persönlichen Selbst und dem Objekt der bewußten Aktion. Damit ist Heilung viel eher ein bewußter, überlegter Akt als eine impulsive Aktion aus dem Bauch heraus.

Das Wichtigste über den Therapeutic-Touch-Prozeß

Im Therapeutic Touch fließen unterschiedliche alte Heilpraktiken zusammen; es ist eine zeitgemäße Interpretation des Wissens um die therapeutischen Funktionen des menschlichen Lebensenergiefeldes.

So gesehen, ist Therapeutic Touch ein bewußter Akt, der auf dem Wissen aus logischer Deduktion, formaler und klinischer Forschung, einem Kompendium der weltweiten Literatur über dem therapeutischen Einsatz menschlicher Lebensenergien sowie der Erfahrung und dem persönlichen Wissen und empirisch abgesicherten Einsichten basiert.

Im Therapeutic-Touch-Prozeß steht Heilung immer in Verbindung mit dem bewußten, vollen Einsatz der Lebensenergien des Therapeuten, um mitfühlend einem anderen, kranken Menschen zu helfen. Heilung kann so als Humanisierung von Energie verstanden werden.

Therapeutic Touch befaßt sich nur mit lebendigen Energien. Die Primärenergien des Menschen sind unter anderem Vitalität, Emotionalität, Gedanken, Altruismus und Spiritualität.

Der interaktive Fluß der Lebensenergie ist ein natürliches Charakteristikum aller Lebewesen. Die Lebensenergie ist in konstanter, kontrollierter Bewegung, wenn der Mensch gesund ist.

Um als Therapeutic-Touch-Therapeut zu heilen bzw. andere zu unterstützen, muß man aus Mitgefühl handeln und aus dem übergeordneten Bedürfnis heraus, Kranken Hilfe und Heilung zukommen zu lassen. Außerdem setzt Therapeutic Touch voraus, daß der Therapeut den Patienten mit Intentionalität zu den spezifischen therapeutischen Zielen führt und weiß, wie der Heilungsprozeß unterstützt werden kann.

Zentrierung ist der erste Schritt des Therapeutic-Touch-Prozesses. Doch auch in den anderen Phasen – Einschätzung, Rebalancing und Neueinschätzung des Lebensenergiefeldes des Patienten – bleibt der Therapeut zentriert. Er fungiert als menschliches Unterstützungssystem und dient als Führer für den geschwächten bzw. unterbrochenen Energiefluß des Patienten und verändert dessen Muster (*Repatterning*), so daß das Immunsystem stimuliert und damit der Gesundungsprozeß unterstützt wird.

Es ist also äußerst wichtig, mit zentrierter Klarheit zu arbeiten, denn wer in das Leben eines anderen Menschen eingreift, muß sich über seine Verantwortung klar sein, warum und auch wie er dies tut. Für mich selbst ist die im folgenden beschriebene Übung (*Deep Dee*) sehr hilfreich, denn sie fördert ständige Bewußtheit während des Therapeutic-Touch-Prozesses. Sie dient als einfaches, aber wirkungsvolles Mittel, um Erfahrungen in der Erinnerung abzurufen, die einen bestimmten Zeitbezug haben können oder auch nicht.

Die »Deep Dee«-Übung, 1. Teil

Übungsform *Phasen des Therapeutic Touch*	*Was mache ich?* *Energetisch:*	*Bewußt:*
Zentrierung		
Einschätzung		
Rebalancing		
a) Leiten		
b) Modulieren		
c) Glätten		
d) Andere		
Neueinschätzung		

Anmerkung: Zukünftige Erfahrungen mit Therapeutic Touch und das Wohlergehen Ihrer Patienten werden stark von Ihren täglichen Therapeutic-Touch-Erfahrungen beeinflußt. Ihre Heilkräfte und Ihr Vertrauen darin entwickeln sich mit Ihrem persönlichen, praktischen Wissen. Deshalb ist es wichtig, daß Sie sich während der Sitzungen sozusagen über die eigene Schulter blicken und sich die tiefen, inneren Prozesse, die in der Therapeutic-Touch-Interaktion zum Ausdruck kommen, bewußt machen.

Der erste Teil der »Deep Dee«-Übung soll Ihnen helfen, diesen progressiven Charakter Ihrer persönlichen Dynamik zu erkennen und zumindest zwei Aspekte dieser Selbsterforschung während des Prozesses genauer anzusehen und zu hinterfragen. Schreiben Sie die Antworten auf, dann können Sie sie später analysieren: Was mache ich? Oder genauer gesagt: Was erfahre ich beim Ausüben dieser Techniken auf der energetischen Ebene? Wie fange ich die subtile Dynamik ein, die so dicht über der Haut abläuft? Was sind meine Empfindungen dabei? Wie ist meine intuitive Reaktion aus dem Bauch heraus? Was sagt mir meine Energiesprache?

Die nächste Frage geht noch ein bißchen tiefer: Wo konzentriert sich meine Bewußtheit? Was passiert in meinem Bewußtsein, und wie nehme ich es wahr? Welche Eindrücke fließen durch mich hindurch? Welche Fähigkeiten spielen dabei eine Rolle: Visualisierungen? Flüchtige Ideen? Erkenntnisse? Tiefe Botschaften aus dem

Inneren? Unzweifelhafte Einsichten? Welche Hinweise helfen mir, dieser Person aus ihrer Not zu helfen?

Kommentar: Der Trick ist, nach Antworten zu suchen und gleichzeitig zentriert zu bleiben, so als ob Sie beide Gehirnhälften gleichzeitig benutzen würden, so daß sie schließlich die Informationen in die Realität integrieren. So können Sie mit Mitgefühl heilen bzw. helfen und dabei ganz präsent sein.

Es sind nur winzige Schritte zu diesem Ergebnis! Ständiges Üben bedeutet, daß Sie Ihre Selbstwahrnehmung trainieren und so auch Ihre Selbsterfahrung. Und je näher Sie diesem Ziel kommen, desto näher kommen Sie auch der Antwort auf die Frage: *»Warum möchte ich ein Heiler sein?«*

Kapitel 2
Set und Setting des Therapeutic Touch

Zentrierung: Mächtiger Verbündeter im Therapeutic-Touch-Prozeß

Horchen Sie immer tiefer in sich hinein, damit die besinnliche Erfahrung jetzt, in diesem Moment, immer mehr an Fülle gewinnt und der Therapeutic-Touch-Prozeß aus einer immer umfassenderen Perspektive wahrgenommen werden kann. Inzwischen hat die Therapeutic-Touch-Methode an Bekanntheit gewonnen und wird unterschiedlich interpretiert; damit ging allerdings auch eine leichte Abweichung von den ursprünglichen Zielen einher. Neue Ideen sollten immer berücksichtigt werden; doch was oft dabei vergessen wird, ist die unleugbare Quelle, aus der Therapeutic Touch seine Kraft bezieht, die entscheidende Bewußtseinsveränderung, die wir *Zentrierung* nennen.

In einem physikalischen Konzept ausgedrückt, könnte man sagen, daß Therapeutic Touch im Unterschied zu anderen Heilansätzen nicht seriell, sondern parallel arbeitet. Beim Therapeutic Touch wird nicht zuerst dies und dann jenes getan. Es beginnt zwar mit der Zentrierung des Therapeuten, doch dann verläuft der Prozeß parallel. Die Zentrierung geht weiter, auch wenn der Therapeut etwas anderes tut, zum Beispiel das Energiefeld einschätzen oder wieder herstellen. Zentrierung ist also ein ständiger Begleiter und Verbündeter für alle anderen Prozesse des Therapeutic Touch. Wenn diese bewußte Verbindung erst einmal besteht, gibt es immer jemanden oder etwas – je nachdem, als was Sie Ihr Inneres Selbst ansehen –, mit dem Sie im Geiste einen Monolog oder Dialog führen können, sobald während des Prozesses Schwierigkeiten oder Probleme auftauchen. Und je stärker diese Verbindung ein gangbarer Teil Ihres Lebens wird, desto mehr drängen auch Ihre Kreativität und Intuition nach außen; Sie erkennen sie als kostbare Facetten Ihres wahren Selbst.

Leider verkennen jedoch viele den Grund für die Zentrierung im Therapeutic-Touch-Prozeß. Sie meinen, daß mehr handwerkliche Fähigkeiten auch die Therapeutic-Touch-Methode verbessern, oder glauben sogar: je technischer, desto besser. Eigentlich ist Therapeutic Touch aber eher wie die östlichen Kampfkünste: Der Heiler muß mehr sein als ein Meister der Techniken; er ist ein Meister des Selbst. Und da liegt nicht nur der Kampf, sondern auch die Quelle, die den Zauber und die Heilkraft des Therapeutic Touch ausmacht. Die Techniken sind eigentlich das Unwichtigste dabei. Es ist auf einer bestimmten Ebene nicht so wichtig, wohin Sie die Hände legen. Viel entscheidender ist es, wie meisterhaft Sie Ihren Geist einsetzen. Um Ihr Selbst zu meistern, müssen Sie also wissen, wen bzw. was Sie eigentlich meistern wollen. Im Therapeutic Touch ist der Schlüssel hierzu der Akt des Zentrierens. In der Stille tut sich für uns der Weg zur Selbsterforschung versteckter Fähigkeiten auf. Und das macht Therapeutic Touch zu einer Erfahrung dauernden Lernens und ständiger Herausforderung.

Zentrierung des Bewußtseins: die Charakteristiken

Zentriert sein bedeutet nicht, still, unbeweglich oder rigide zu sein. Im Alltag reagieren wir ständig auf andere Menschen, Emotionen, Gedanken und Ereignisse. Beim Zentrieren sind wir ganz ruhig und *hören* auf eine andere Sprache. Die Aufmerksamkeit geht zum Herzen, dorthin, wo wir unseren Frieden finden. Dieses Gefühl tiefer Gelassenheit erinnert an den Frieden in der weiten Natur, und wir entdecken, daß eine solche tiefgehende Naturerfahrung uns eins sein läßt mit dem Universum.

Der Effekt des Ruhigwerdens ist jedoch nicht der einzige Segen des Zentrierens. Beim Heilen ist es auch wichtig, mit einem stimmigen Gefühl für das Sein zu arbeiten und aus dieser Erfahrung und dem Verständnis heraus auch dem Patienten den Halt innerer Akzeptanz zu bieten. Dafür müssen wir erkennen, daß es mehrere Bewußtseinsfacetten gibt, die oft noch nicht aktiviert sind und sozusagen als inneres Potential darauf warten, ins Bewußtsein zu gelangen. Wer die Herausforderung annimmt und dieses Potential verwirklicht, kommt auch mit den verborgenen Aspekten seiner selbst in Kontakt. Diese Selbsterforschung macht das Zentrieren zur Kraftquelle des Therapeutic-Touch-Prozesses. Doch wie geschieht das? Die Bewußtseinsveränderung läßt sich an mehreren Faktoren erkennen. Am auffälligsten ist vielleicht das Zur-Ruhe-Kommen des »Psychomotors«. Körperlich geht das fast bis zu einer Entspannungsreaktion. Gleichzeitig werden wir uns aber vollkommen unseres Zustands des »inneren Hörens« bewußt, mit dessen Hilfe wir auf die nicht-physischen Zeichen im Energiefeld des Patienten aufmerksam werden. Die Wahrnehmung ist meist sehr schnell, so daß wir erst am Ende der Therapeutic-Touch-Sitzung merken, wie wenig Zeit in Wirklichkeit vergangen ist. Einige Wahrnehmungen können aber auch so langsam vor sich gehen, daß wir danach überrascht sind, daß die Zeit so schnell *davongelaufen* ist.

Damit geht auch ein Gefühl inneren Gleichgewichts und Wohlbefindens einher. Die Wahrnehmungen sind tiefer, und das dauernde Geplapper im Kopf wird dafür kaum oder gar nicht mehr bemerkt. Der Zugang zu tiefen Schichten des Erkennens fällt leicht, und so ist diese Aktivität des Selbst eine Art mühelose Anstrengung: Die konzentrierte Kraft des Geistes fast ohne jegliche Anspannung eingesetzt.

Mit der Zeit entwickeln wir eine immer größere Bewußtheit, die sich als Intuition entfalten kann und der wir vertrauen können. Genauso entwickeln wir immer mehr Respekt und demütige Ehrfurcht angesichts der Kraft, die sich immer wieder zeigt. Oft gibt es im Leben dann sogenannte Synchronizitäten: Der Aufzug hält genau dann, wenn wir den Korridor entlangkommen, genau vor unserer Nase stoppt ein leeres Taxi, wir haben »grüne Welle«, und insgesamt erleben wir ein schärferes Gefühl von Timing und Rhythmus.

Mit neuen Fähigkeiten verliert der Alltag ein wenig an Chaos und Zufälligkeit. Aus der veränderten Perspektive heraus erkennen wir die dem Heilen zugrundeliegenden Ordnungsprinzipien, die uns vorher nicht aufgefallen waren. Vor diesem Hintergrund verändern sich auch unser Weltbild und unser Lebensstil. Der Prozeß verändert auch das Ego des Therapeuten. Immer stärker rückt das Bedürfnis, anderen zu helfen, in den Vordergrund. Wir erkennen die Kraft der mitfühlenden Liebe, mit der das Unveränderbare verändert und das Unbewegliche bewegt werden kann.

Zentrierung als Akt der Innenschau

Zentrierung ist also kein tranceähnlicher Zustand, in dem wir etwas tun, ohne zu wissen, wie das passiert. Es ist vielmehr ein aktiver Bewußtseinszustand. Der Lebensenergiefluß einer zentrierten Person ist etwas ganz anderes als Einfühlung in den Patienten, durch die der Heiler sozusagen in den Patienten *fließt*, um so dessen Gefühle zu erkennen und zu verstehen. Zentrierung ist ein überlegter, gebündelter Akt tief aus unserem bewußten Selbst heraus; die Lebensenergie fließt aus unserem Inneren. Natürlich ist der Therapeutic-Touch-Therapeut gleichzeitig auch im empathischen Kontakt mit dem Patienten. Man könnte sagen, daß seine Lebensenergie in entgegengesetzte Richtungen zu fließen scheint. Im nicht-physischen Bereich haben Faktoren wie der Lebensenergiefluß etwas Seltsames, an das man mit nicht-linearen Regeln herangehen muß, die durch die Erfahrung Bestätigung finden.

Durch konstantes Zentriertsein kann der Heiler dem Patienten das Gefühl tiefen Friedens vermitteln, ein Erahnen der schnellen (zwei- bis vierminütigen) Entspannungsreaktion. Durch diese tiefe Entspannungsreaktion kann das Immunsystem des Patienten reagieren, was eine wichtige Basis für das *Rebalancing* darstellt.

Durch den Akt des Zentrierens bzw. des Sprungs im Bewußtsein werden wir uns unseres natürlichen Selbst und der natürlichen Kräfte um uns stärker bewußt. Um an diesen Punkt zu gelangen, müssen wir uns, selbst wenn sich das komisch anhört, die Erlaubnis dazu erteilen. Dann sind diese Bewußtseinsfacetten uns ganz und gar präsent. Evolutionär gesehen möchten sie aktiv an unserem Leben teilhaben; doch wie uns die Psychologie lehrt, ist dazu unsere bewußte Einwilligung vonnöten. Das lohnt sich, denn es geht um eine neue Bewußtheit und eine neue Art zu leben.

Die Zeichen des Therapeutic Touch:
Eine Sprache der Zukunft

In der Einschätzungsphase des Therapeutic-Touch-Prozesses ist die Kunst des Zuhörens besonders wichtig: ein fein zentrierter, aufmerksamer Zustand, in dem man Hinweise aus den subtilen Mustern im Energiefluß des Patienten wahrnimmt. Auch dieses »Hören« findet natürlich im Zustand konstanter Zentriertheit statt. Die Zeichen können als Metaphern bzw. Analogien zum wahren Stand der Dinge im Lebensenergiefeld des Patienten betrachtet werden. In der folgenden Übung »Die Glocken-Lektion« wird mit einer Analogie aus der Musik dieser Akt des »Hörens« verdeutlicht.

ERFORSCHUNG DES SELBST, TEIL 5
Die Glocken-Lektion

Worin besteht diese Kunst des »Hörens« in der Einschätzungsphase des Therapeutic-Touch-Prozesses? Kann man die Hör-Erfahrung vielleicht simulieren und damit üben? Versuchen wir es einfach einmal!

Material: Stift, Papier und Glocken, wie zum Beispiel die abgebildeten tibetischen Glocken.

Anmerkung:

Die beiden Glockenhälften weichen von der Tonhöhe her einen halben Ton voneinander ab: die eine ist Ton E, die andere Es. Der klare Ton hallt nach außen in Wellen wider, und jeder Oberton ruft im Hörer eine einzigartige Reaktion hervor.

Das wache, aufmerksame Zuhören, wenn die Resonanz schwächer wird und schließlich ganz vergeht und man noch den letzten wunderbaren Ton hören möchte, ähnelt dem sensitiven, wachen Hören beim Einschätzen der feinen Disharmonien im Energiefeld des Klienten, wenn der Heiler die zarten Abweichungen auf dieser ätherischen Landkarte erspürt. Zum wirklichen Verständnis dieser

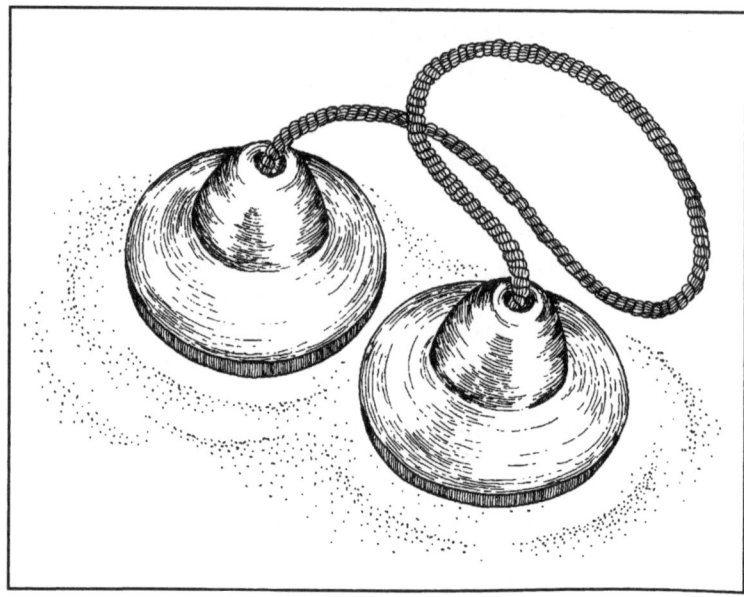

Abb. 1: Tibetische Glocken

Erfahrung wird empfohlen, die folgenden kurzen Anweisungen zu lesen, zu erinnern und dann konzentriert dem Klang der Glocken zu lauschen.

Die Übung

1. Sie sitzen bequem und halten die Glocken so, daß sie beim Bewegen der Lederbänder aufeinandertreffen können.
2. Sie können entweder die Augen schließen oder entspannt mit einem »weichen« Blick geradeaus schauen.
3. Nun zentrieren Sie ruhig Ihr Bewußtsein.
4. Schlagen Sie die Glocken einmal aneinander; verfolgen Sie bewußt, was beim aufmerksamen Hören auf den Klang der Glocken mit Ihnen passiert. Hören Sie ganz »tief«, spüren Sie die Schwingungen der Glocken, bis Sie wieder von Stille umgeben sind.
5. Was ist beim »Hören« in Ihrem Bewußtsein passiert? Schreiben Sie Ihre Eindrücke auf. Später können Sie diese Übung auch mit anderen zusammen machen und über Ihre Erfahrungen sprechen.

Einschätzung des Lebensenergiefeldes

Die Zeichen, die Sie über die Handchakren im Therapeutic-Touch-Prozeß wahrnehmen, können unterschiedliche Formen haben:

- Unterbrechungen im Energiefluß
- Zu schwacher oder hyperaktiver Energiefluß
- Druck- oder Völlegefühl
- Verstopfungen bzw. Blockaden des Energieflusses
- Gestörter Rhythmus bzw. ungleichmäßiger Puls
- Auffällige, klar wahrnehmbare Temperaturschwankungen (Hitze oder Kälte)
- Kribbeln oder leichte elektrische Schläge
- Wahre intuitive Eingebungen und Einsichten

Manchmal haben diese »Tips« und Zeichen im Englischen bzw. Deutschen einen seltsamen Namen. Das liegt daran, daß es keine adäquate Bezeichnung gibt, was eigentlich seltsam ist, wenn man bedenkt, daß 93 Kulturen weltweit es als Tatsache betrachten, daß ein menschliches Lebensenergiefeld existiert. Um so interessanter ist es, daß Therapeutic-Touch-Therapeuten, die mit diesen Zeichen arbeiten, sich untereinander verständigen können, vor allem wenn zwei oder drei Therapeuten den gleichen Klienten einschätzen und dann ihre Aufzeichnungen miteinander vergleichen. Diese qualitative Zuverlässigkeit der Einschätzung ist ein Zeichen dafür, daß ein gültiges Kommunikationssystem zum Beschreiben der menschlichen Lebensenergie zugrunde liegt – ein System, das überraschend einfach auch geographische Grenzen überschreitet und transkulturell ist: Als dieses Buch geschrieben wurde, wurde bereits in 75 Ländern eine Therapeutic-Touch-Ausbildung angeboten.

Hauptzweck des Einschätzens im Therapeutic-Touch-Prozeß ist es, ein Gespür für die Dynamik der Lebensenergie zu entwickeln, die beim Klienten in falschen Bahnen verläuft. Die Zeichen dafür kann der Therapeut mit seinen Handchakren erspüren, um dann zu entscheiden, wie das Energiefeld wieder ins Gleichgewicht gebracht werden kann. Doch noch während dieser Prozesse sucht der Therapeutic-Touch-Therapeut bewußt und aktiv die tieferen

Ebenen des Selbst, wie sie im Prozeß der Innenschau bereits beschrieben wurden.

Anderen kranken oder bedürftigen Menschen zu helfen hat noch einen weiteren positiven Effekt: Wer zentriert »zuhören« kann, lernt auch, auf was er »anspringt«. Das kann ein Aha-Erlebnis sein, durch welches der Therapeut Einsicht in sein persönliches Potential erhält. Als »Belohnung« für seine Bemühungen werden diese verborgenen Qualitäten mit der Zeit aktualisiert. Aufbauend auf dieser kreativen Basis progressiven Lernens über das innere Selbst arbeitet der Therapeut mit den Zeichen, die ihm bewußt werden, und versucht, ihre Bedeutung – vor dem Hintergrund neuen, persönlichen Wissens – zu verstehen. Dieses Feld interaktiver Erforschung des Selbst wird dann zu echter persönlicher Forschung, mit seiner ganz eigenen Ordnung und einem Gefühl von Zeitlosigkeit.

Therapeutic-Touch-Zeichen sind für all diejenigen, die solche Erfahrungen gemacht haben, eine gemeinsame Sprache. Um auch Ihnen ein Gefühl dafür zu geben, finden Sie im folgenden Zitate aus einer Diskussion während eines Kurses über »Strategien für das Lehren von Therapeutic Touch«. Diese Aussagen waren spontan, ich habe nur die Reihenfolge verändert und logische Verknüpfungen erstellt.

ERFORSCHUNG DES SELBST, TEIL 6
Wesentliche Erfahrungsfaktoren in der Einschätzungsphase des Therapeutic-Touch-Prozesses

Material: Stift und Papier

Die Übung

Lesen Sie still die folgenden Aussagen durch, nehmen Sie sie als eine ganzheitliche Erfahrung auf. Sie können sich auch vorlesen lassen. Nach jedem Absatz machen Sie eine Pause und überdenken die Einbeziehung in Ihre persönliche Therapeutic-Touch-Praxis.

Ihre Reaktionen schreiben Sie nieder, um sie anschließend mit anderen diskutieren zu können.

Ich bin zentriert. Ich fühle mich verwurzelt und geerdet. In der Aura des Schutzes, die von meinem inneren Selbst ausgestrahlt wird, bin ich offen, wach und bewußt; ich spüre, daß ich meine ganze Sensibilität zulassen kann.

Ich habe ein Gefühl ungestörter Leichtigkeit, und in dieser tiefen Ruhe wird meine Konzentration immer tiefer. Meine Wahrnehmung ist geschärft, und mir gehen Bilder durch den Kopf, während ich zum Klienten eine tiefere Beziehung aufbaue.

Erinnerungen kommen hoch – Aha! In den Zentren im Energiefeld über meinen Händen nehme ich Bewußtsein wahr. Kleine Veränderungen der Energie des Patienten, Zeichen aus dem Energiefluß, veränderter Rhythmus, unerwartete Variationen von schillernden Farben – mein Geist nimmt alles als objektive Sinnesdaten auf.

Ich identifiziere mich stärker mit dem Patienten und – oho! – ich bin in einem Raum ohne Zeit! Ich bin mir subtiler Wahrnehmungen bewußt – klare, wenn auch veränderte Bewußtseinszustände. Mein Mitgefühl für den Patienten ist gemischt mit Ehrfurcht und reiner Freude. Ich nehme vom Patienten so etwas wie Vorfreude wahr und weiß um die Kraft der gegenseitigen Verbindung. Dieses Gefühl von Einssein erweckt in mir Ehrfurcht für das tiefe Selbst, das wir miteinander teilen – ein unbeschreiblicher Zustand: Mir fehlen die Worte dafür.

Rebalancieren des Lebensenergiefeldes

Seine Rolle als Heiler übt der Therapeutic-Touch-Therapeut in größter Einfachheit aus. Zugrunde liegt das Prinzip der Gegensätze sowie die Annahme, daß Krankheit nichts anderes ist als ein Ungleichgewicht der Lebensenergie. Aufgabe des Therapeuten ist es demnach, das Lebensenergiefeld wieder auszubalancieren, und zwar durch das Leiten und Modulieren von Lebensenergien, die anders sind als die in der Einschätzung festgestellten. Dieses Prin-

41

zip des Gegenteils wird in den unterschiedlichsten Erscheinungsformen von Heilern auf der ganzen Welt als universell gültig anerkannt.

Ein Beispiel: Wenn beim Einschätzen Hitze ein Zeichen war, wäre beim Rebalancieren kühlende Energie angebracht und umgekehrt. Allerdings nehmen die Therapeutic-Touch-Therapeuten »Hitze« oder »Kälte« auf unterschiedlichen Bewußtseinsebenen wahr; so können verschiedene Personen Hitze oder Kälte unterschiedlich stark empfinden, und jede dieser unterschiedlichen Empfindungen kann feine Unterschiede enthüllen. Therapeutic Touch ist anscheinend so einfach, weil es ein menschliches Potential reflektiert, welches aktualisiert werden kann, und manche Menschen können Therapeutic Touch ganz ohne Schwierigkeiten ausführen. Dieser Zugang zu Therapeutic Touch zeigt allerdings nicht die Tiefe der Therapie an; diese zeigt sich in der Überlegtheit der Aktionen und ist ein Hinweis auf die Kenntnisse des Therapeuten.

Wenn also zwei Therapeuten zusammen ein Rebalancing vornehmen, gibt es feine Unterschiede, je nach Erfahrung und Fähigkeiten bzw. dem persönlichen Urteil. So kann beispielsweise ein »heißes« Zeichen für einen Neuling ein korrekter Hinweis auf einen unausgeglichenen Prozeß sein. Ein Therapeut mit größerer Erfahrung und mehr Einfühlungsvermögen spürt vielleicht, daß dahinter noch feine Rhythmusstörungen vorhanden sind, und diese zusätzlichen Informationen könnten auf einen Krankheitsprozeß hindeuten. Oder der Therapeut erkennt, daß das Gewebe vor kurzem einer Strahlentherapie ausgesetzt war und daß die Zeichen deswegen tief aus der Matrix des Gewebes stammen. Aus Erfahrung weiß er, daß zusätzlich andere Stellen im Lebensenergiefeld des Patienten kritisch analysiert werden müssen, um so die Gesamtsituation mit einzubeziehen und danach eine Feinabstimmung vorzunehmen. Erst nach dieser vollständigen Einschätzung können dann alle Informationen in den darauffolgenden Rebalancing-Prozeß einfließen. Außerdem wird das Energiefeld von den beiden Therapeutic-Touch-Therapeuten zwischendurch immer wieder neu eingeschätzt, um so die Reaktionen des Patienten mit einzubeziehen. Dadurch wird auch klarer, was im Therapeutic-Touch-Prozeß als nächster Schritt ansteht.

Oder nehmen wir einmal an, beide Therapeuten nehmen »Kälte« wahr; auch daraus können – je nach persönlicher Erfahrung – unterschiedlichste Bedeutungen abgeleitet werden. Für manche heißt das vielleicht einen Energiemangel im Energiefeld, und das stimmt durchaus. Ein anderer Therapeutic-Touch-Therapeut nimmt aufgrund seiner Erfahrung und Sensibilität noch andere Anzeichen wahr; so kann eine bestimmte Art »Kälte« zum Beispiel verraten, daß dieser Energiemangel auf eine Störung der endokrinen Drüsen zurückzuführen ist. Eine andere, qualitativ unterschiedliche Kältewahrnehmung deutet dagegen auf weitere, tieferliegende Probleme hin, die die Lebensenergie aus dem Gleichgewicht gebracht haben. Vieles, was beide Therapeuten aufgrund der Kälte-Empfindung unternehmen, mag ähnlich sein. Der Therapeut mit der größeren Erfahrung kann die feine Ausbalancierung jedoch auf anderen Ebenen angehen, die seinem tieferen Verständnis entsprechen. Diese »Feineinstellung« steht nicht im Widerspruch zu der Feststellung, daß Therapeutic-Touch-Therapeuten sich mit großer Klarheit über solche Zeichen verständigen können. Die Schärfe der Kommunikation ist unterschiedlich, und dieser Unterschied ist – wie im wirklichen Leben – relativ, je nach Situation. Jeder Therapeut versteht den anderen; jeder nimmt aus der gleichen Perspektive wahr; sie teilen die gleiche Weltsicht.

ERFORSCHUNG DES SELBST, TEIL 7
Die Weltsicht des Therapeutic Touch

»Die Weltsicht des Therapeutic Touch« kann als geführte Meditation benutzt werden. Nehmen Sie sensibel Ihre Reaktionen auf jedes Statement wahr und finden Sie aufgrund Ihrer Therapeutic-Touch-Erfahrung heraus, was sich für Sie wahr anhört.

Im Universum gibt es eine fundamentale, integrierende Harmonie, die sich in den Ordnungsprinzipien des Heilungsprozesses widerspiegelt; und wo Ordnung ist, da ist auch Sinn.

In diesem sinnvollen Universum ist der Mensch in erster Linie ein komplexes System aus fein integrierten und vereinten Lebensenergiefeldern. Bei einem gesunden Menschen wird die Lebensenergie durch ein Grundgesetz der dynamischen Symmetrie in selbstregulierender, fließender Balance gehalten. Bei Krankheit geraten diese Energien stark ins Ungleichgewicht.

Alle Lebewesen sind offene Energiesysteme, deshalb ist Energieübertragung zwischen Menschen ein natürlicher, passiver und kontinuierlicher Vorgang. Durch bewußte, überlegte Führung, wie dies im Therapeutic Touch geschieht, können bestimmte Lebensenergien vom Heiler, der aus Mitgefühl helfen und heilen will, auf einen Patienten projiziert werden.

Therapeutic Touch ist eine zeitgemäße Interpretation von unterschiedlichen alten Heilpraktiken und hat einen kulturübergreifenden Ursprung. Therapeutic Touch beschäftigt sich mit dem kenntnisreichen Einsatz von therapeutisch nutzbaren Funktionen des Lebensenergiefeldes. Therapeutic Touch ist ein bewußter Akt, ausgehend von zwei Wegen tiefer Erforschung. Ein Aspekt ist das Wissen aus logischen Herleitungen, formellen und klinischen Erkenntnissen, einem Kompendium der Weltliteratur über den therapeutischen Nutzen der Lebensenergien und persönlicher Erfahrung. Damit verbunden und oft sich daraus entwickelnd, wird die kontinuierliche Praxis des Therapeutic Touch zu einer inneren Erfahrung für den Therapeuten, zur inneren Erforschung seines tiefsten Selbst im Akt bewußter Zentrierung. Die Grundtechniken des Therapeutic Touch sind ganz einfach und natürlich, doch die Fortgeschrittenentechniken hängen von der Bereitschaft und der Fähigkeit des Therapeuten ab, sein eigenes Selbst während des Heilprozesses in der Tiefe zu erforschen. Durch die innere Dynamik dieses Aktes der Innenschau entsteht als Reaktion Mitgefühl, durch das eine höhere Ordnung des Selbst angesprochen wird. Dieses aufsteigende Mitgefühl spiegelt ein wachsendes Gefühl von Kraft wider, Kraft, andere und sich selbst zu heilen und zu helfen; auch das Vertrauen in den Heilakt wächst.

Der Therapeutic-Touch-Therapeut nutzt Berührung als »Telerezeptor«; das bedeutet, daß er den Körper meist nicht direkt berührt, sondern im Energiefeld des Patienten arbeitet. Dadurch empfängt er mittels »Telerezeption« Informationen über den Zustand des Patienten – die Empfänglichkeit des Heilers arbeitet also über eine gewisse Distanz als Reaktion auf die subtilen Zeichen aus dem Energiefeld des Patienten. Diese Zeichen sind anscheinend das Ergebnis von Veränderungen in den Lebensenergiemustern. Der Therapeutic-Touch-Therapeut geht nicht »hinaus« zum Patienten, wie das beispielsweise bei einer empathischen Reaktion der Fall wäre, sondern vielmehr »nach innen«; durch diesen Akt der Innenschau erforscht er die höhere Ordnung des Selbst, um so Einsicht in Heilwege zu erhalten, mit denen er dem Patienten helfen kann.

Der Heiler agiert also als mitfühlendes Unterstützungssystem; er führt und verändert die Muster im geschwächten und gestörten Lebensenergiefeld des Patienten, so daß der Energiefluß das Immunsystem stimuliert, die Regenerationskraft wieder hergestellt wird und die Lebensenergien wieder harmonisch und ausgeglichen fließen. Der Patient heilt sich auf einer tiefen Ebene eigentlich selbst, denn der Mensch hat nicht nur Mitgefühl, um anderen zu helfen, sondern hat auch ein großes natürliches Potential, seine eigene Persönlichkeit zu transformieren und sein Leben zu transzendieren.

Zeitgenössisches Heilen:
ein theoretischer Hintergrund

Jede Weltsicht gründet sich auf die jeweilige zeitgenössische Philosophie. Mitte der 70er Jahre wurden durch die Erkenntnisse über die Gültigkeit des Heilens die Weichen gestellt für das immer stärkere Interesse am menschlichen Potential, sich gegenseitig zu helfen und zu heilen. Grundlage dafür waren die Arbeiten von Krippner über die transkulturelle Basis für paranormale Aktivitäten (1980) und über Schamanismus und Heilen (Krippner und Vollodo, 1976). Innerhalb kürzester Zeit wurde dadurch die intensive Erforschung der Selbstheilung vorangetrieben (Simonton, Simonton und Creighton 1978; Pelletier 1977). LeShans Arbeiten über Fernheilung und Gebet waren bahnbrechend (1974). Gleichzeitig begannen die Greens mit ihren Studien über innere Biofeedback-Zustände und ihre Auswirkungen auf das autonome Nervensystem (1977). Tart wies auf die unterschiedlichen Zustände des Bewußtseins hin (1975). Krieger beschrieb die Auswirkungen von Therapeutic Touch auf die menschlichen physiologischen Indices (1975) sowie ihre Vorstellung vom bewußten Einsatz des Höheren Selbst als Erweiterung professioneller Fertigkeiten in der Medizin (1979); und Kunz beschrieb die Dynamik des Inneren Selbst und seiner Reaktionen auf Krankheit und Heilung.

Viele dieser Darlegungen beruhen auf Capras Werk; er verglich die Erkenntnisse der Neuen Physik mit alten Lehren über die Metaphysik des Universums (1975); untermauert wurden seine Arbeiten von Pribrams Erkenntnissen über die Ähnlichkeit zwischen Gehirnspeicherungsmechanismen und der holographischen Theorie (1976); Bohm entwickelte diese Theorie weiter mit seiner Sicht eines holographischen Universums, bestehend aus einer impliziten und einer expliziten Ordnung (1980). Und Sheldrake schuf mit seinem Konzept der morphogenetischen Felder, die weder raum- noch zeitgebunden sind, eine Brücke zwischen der Neuen Physik und menschlicher Wahrnehmung und Funktion.

Die kritischen Beziehungen zwischen den neurophysiologischen Funktionen des Körpers, seinen psychologischen Zuständen und dem Immunsystem wurden durch Forschungsarbeiten über die Auswirkungen von Streß und Stimmungen auf die Neuropeptide erhellt. Man fand heraus, daß es auch außerhalb des Gehirns Endorphine und Enkephaline gibt, und das wiederum bestätigte die Forschungsergebnisse der Simontons und von Creighton (1978) sowie von Achterberg und Lawlis (1978), die die begünstigenden Auswirkungen von kreativen Bildern auf Krebspatienten aufzeigen konnten. Diese Erkenntnisse bildeten die Grundlage für die Entwicklung einer psycho-neuro-immunologischen Sicht des Heilens, die heute vorherrschend ist (Adler 1986).

Die folgende kurze Darstellung der theoretischen Basis zeitgenössischen Heilens faßt die Haupterkenntnisse dieser bahnbrechenden Forschungsarbeiten zusammen.

Es gibt wesentliche Übereinstimmungen zwischen der Wahrnehmung des Universums und seiner Funktionsweise, wie sie die Weisen der Antike hatten, und den Erkenntnissen der Neuen Physik. Auf der physischen Ebene ist der Mensch logisch in Systemen und Subsystemen organisiert; anders ausgedrückt sind diese organisatorischen Ebenen menschliche Lebensenergiefelder, die gut koordiniert innerhalb der entsprechenden universalen Felder liegen. Man kann sagen, daß es ein einheitliches kulturübergreifendes Konzept eines psychischen Kontinuums bzw. eines psychodynamischen Feldes zwischen Menschen gibt; dieses Kontinuum kann in Trance oder auch aus der Ferne zum Heilen eingesetzt werden. Menschliche Lebensenergiefelder, die dauernd unter schwerem Streß stehen, können diesen fein abgestimmten Rhythmus verlieren, und durch diesen nicht synchronen Zustand werden sie verletzlich und anfällig für Krankheiten. An sich kommt Heilung aus den Tiefen des Unbewußten, und die Heileffekte finden Entsprechungen auf der physiologischen und psychologischen Ebene. Die Funktionen des autonomen Nervensystems können bewußt kontrolliert werden. Neuropeptide, die Schmerzen und Stimmungen regulieren, werden im ganzen Körper verteilt und reagieren auf lebhafte Phantasievorstellungen, mit deren Hilfe man den Schmerz zerstreuen und den Heilungsprozeß stimulieren kann.

Man geht davon aus, daß die Tiefenstrukturen des Gehirns analog einem Hologramm funktionieren. Jede Zelle des Gehirns ist Teil des Ganzen und wird durch die universalen Prinzipien der ihr innewohnenden impliziten Ordnung von dem,»was sein soll«, und dem expliziten Bezug zu dem,»was ist«, sensibilisiert. Diese Hypothese eines in sich geschlossenen Ordnungssystems findet sich bereits in den Erkenntnissen alter Weisheitslehren dargelegt. Einer dieser schöpferischen Aspekte ist das Biofeld-Phänomen für die Kommunikation über Entfernungen. Die beteiligten Personen fungieren dabei als eine lokalisierte, dynamische Schnittstelle mehrerer Haupt-Feldkräfte, die ein breites Spektrum an Vitalität, Lebenskraft und kreativen Energien umspannen. Der Kern ist das Innere Selbst des einzelnen. Von dieser zentralen pulsierenden und lebendigen Strahlung entspinnt sich das einzigartige Gewebe der individuellen menschlichen Existenz. Auf die gleiche Weise entsteht auch die Antwort auf die Frage »*Warum möchte ich Heiler sein?*«

Kapitel 3
Zentren menschlichen Bewußtseins

Die Chakren – unsere Lehrer

»Wie fühlt sich Liebe an?«, frage ich mich. Eigentlich ist es einfach zu definieren: ein inneres Gefühl tiefer Zuneigung für einen Menschen oder eine Sache. »Eine starke Zuneigung«, sagt das Lexikon, »bewundern, sich an etwas erfreuen, sehr an etwas hängen«. Natürlich ... doch wie fühlt sich Liebe an? Es ist ein zartes Gefühl, ein Gefühl der Verehrung, eine intensive emotionale Beziehung. Es ist »so etwas wie ein großes Verlangen, ein heiß begehrtes Objekt zu genießen«, so Montaigne; »eine spirituelle Seelenverbindung«, sagt Ben Johnson; »das, wodurch die Welt sich dreht, mit diesem besorgten Ausdruck«, witzelte der ewige Komödiant Fred Allen. Schon seit Menschengedenken wurde die Liebe als Göttin angesehen. Liebe war sexuelle Liebe, sie stand in Zusammenhang mit Fruchtbarkeit, wurde verehrt, weil durch sie die Nachkommenschaft und der Fortbestand des Volkes gesichert waren. Die Göttin Astarte der Phönizier war die Isis der Ägypter und wurde zu Aphrodite, die Schaumgeborene. Sie wandelte sich zu Venus, die als Morgenstern und als Abendstern am Himmel steht. Doch keine Definition und kein Mythos liefert die Antwort auf die Frage: »Wie fühlt sich Liebe an?«

Doch wozu dieses Abschweifen des Geistes? Ich habe mich mit dem nicht-physischen Energiesystem, den Chakren, beschäftigt und auch mit dem psychodynamischen Feld des persönlichen Selbst; beides sind Quellen des Bewußtseins. Ich fragte mich, wie das Gelernte beim Heilen anwendbar ist. Ich konnte diese subtilen Energien nicht »sehen«; meine Kollegin Dora Kunz konnte das sehr wohl. Ihr war diese Fähigkeit – wie den fünf Generationen ihrer Familie zuvor – angeboren. Schon als Kind hat sie dieses Talent mit viel Selbstdisziplin weiterentwickelt und in ihrer Arbeit mit Wissenschaftlern, Medizinern, Psychologen und Krankenschwestern eingesetzt, unter anderem auch mit mir. Ihre Arbeiten sind einzigartig (Kunz 1985; Karagulla und Kunz 1989; Kunz 1991). Doch wie gesagt geht mir dieses Talent ab, und so mußte ich mich auf meine Erfahrung, auf Meditation und analytische Instrumente verlassen, um ein Verständis von der Dynamik des menschlichen Energiefeldes zu erlangen. Auf die Probe gestellt wurden meine Vorstellungen dann in der Therapeutic-Touch-Arbeit mit meinen Klienten; die Sicherheit des Klienten war dabei natürlich oberstes Prinzip. Während dieser Testphase beschäftigte ich mich mit der Liebe; ich befaßte mich zu dieser Zeit gerade mit dem Herzchakra. Ich hatte festgestellt, daß – genau wie bei den Büchern zur Neurologie – sich auch die vielen Bücher über Chakren so lasen, als seien sie vom Vorgänger abgeschrieben. In einem waren sie sich alle einig: Eine der charakteristischen Qualitäten des Herzchakras ist die Liebe. Ich sagte mir, wenn ich diese qualitativen Aspekte verstünde, müßte ich auch einen Zugang zur Quelle finden.

Und schließlich tat ich das Offensichtliche. Ich zentrierte ganz ruhig mein Bewußtsein, dachte an jemanden, den ich wirklich liebte, und versuchte, mir ganz genau bewußtzumachen, wie sich die Liebe, die ich ausdrücken wollte, auf die verschiedenen Facetten meines Seins auswirkte. Per Zufall entwickelten sich aus einer solchen Suche auch die »Deep Dee«-Übungen (vgl. S. 31 und S. 150). Wenn ich an die geliebte Person dachte, wurden meine Gefühle weicher, und ein feines Lächeln umspielte meine Lippen. Meine Energien gingen ruhig nach außen zum Objekt meiner Liebe. Es war ein angenehmes Gefühl; ich verspürte den Wunsch, mich und alles, was ich hatte, mit dem geliebten Menschen zu teilen und bei ihm zu sein. Meine Liebe war überwältigend, und ich wußte, daß nichts und niemand zwischen mich und diesen Menschen treten konnte; meine Liebe war eine unwiderstehliche Kraft. Mit der Zeit erkannte ich, daß die Liebe und eigentlich auch alle anderen Emotionen, kraftvolle Energien sind, die je nach Gelegenheit in eine bestimmte Richtung gelenkt und genutzt werden können. Mit überlegter Führung konnten sie starke Verbündete bei der Selbstheilung und der Heilung anderer Menschen werden.

Später führte ich dann eine Drei-Jahres-Studie (1989–1991) über Gedankenmuster und symbolische Bilder durch, mit denen man sich bzw. sein Lebensenergiefeld bei engem Kontakt mit anderen schützen kann (wie eben z.b. beim Heilen). Ich fand heraus, daß die stärkste Kraft, um diesen Schutzschild zu durchbrechen, die Projektion von Liebe ist (Krieger, 1993). Wenn sie den Strom der Liebe des Heilers wahrnehmen, nehmen die Patienten – oft genug zu ihrer eigenen Überraschung – die angebotene Hilfe aktiv an und öffnen sich dem Heilprozeß.

Um das Herzchakra zu verstehen, nahm ich all die Informationen aus meiner persönlichen Erfahrung und aus meinen Studien und praktizierte die absichtsvolle Projektion jener energetischen Qualitäten, die für mich Liebe repräsentierten. Ich setzte diese sich entwickelnden Fähigkeiten beim Therapeutic Touch ein und machte bei jeder Sitzung Notizen über meine subjektiven und auch objektiven Beobachtungen über die Auswirkungen dieses Projizierens. Außerdem meditierte ich über die Liebe als Prozeß, und so wurde mein Verständnis dafür, wie ich Menschen in ihrem Heilprozeß unterstützen konnte – vor allem ängstliche und panische Menschen –, in dieser Zeit intensiven Studiums sehr vertieft. Ich stellte außerdem fest, daß auch die Arbeit mit Klienten, die mißtrauisch oder ängstlich bzw. in einigen wenigen Fällen anfangs sogar richtiggehend feindselig waren, von diesen Energien profitierte. Auch auf die Arbeit mit dem Immunsystem der Klienten wirkte sich die Projektion positiv aus. So arbeitete ich beispielsweise mit der Thymusdrüse von Krebs- oder AIDS-Kranken, vor und während der Chemotherapie und bei Knochenmarkstransplantationen. Vor allem Klienten, die bereits todkrank waren, half die Arbeit am Herzchakra, ihnen den letzten Schritt zu erleichtern.

Ich erkannte, daß der Therapeutic-Touch-Prozeß aus mindestens zwei Schritten bestand. Die eine Seite betraf den Energiefluß der Liebe als Gefühl; doch dem zugrundeliegend gab es noch einen ganz bestimmten Bewußtseinszustand, und diese Gefühlszustände waren davon nur ein Attribut. Ich versuchte nun, mich selbst auf dieses Bewußtsein und den Energiefluß einzustimmen. In dieser späten Phase meiner Studien erkannte ich, daß ich ein Chakra nicht isoliert studieren konnte. Die Chakren stellen ein fein koordiniertes Netzwerk zwischen unterschiedlichen Bewußtseinsarten dar. In ihrem Kern sind die Chakren eng miteinander verbunden, und deshalb arbeitet das Netzwerk als eine Einheit und im Zusammenhang; der Manipulation von einzelnen Teilen setzt es sich entgegen.

Das Mitgefühl – eine Studie

Das Verständnis für diese Prozesse war für mich wesentlich, und so stellte ich das Mitgefühl in den Mittelpunkt meiner weiteren Studien. Vom Konzept her gehört zum Mitgefühl einerseits Liebe als Aspekt des Herzchakras, andererseits Zielstrebigkeit als Aspekt des Kehlchakras. So schien mir das Mitgefühl ganz gut geeignet, die Zusammenhänge zwischen den Chakren zu studieren. Seit ich mich für das Heilen interessierte, nahm ich Ideen und Entscheidungen, die scheinbar aus meinem tiefsten Inneren emporkamen, als Chance, einen Weg zu finden, und in gewissem Sinne setzte ich mein Leben auf sie. Ich probierte aus, wie sie in meinem Leben funktionierten und machte mir bewußt, wie sie sich auswirkten. Ganz besonders achtete ich darauf, wie sich das bewußte Entwikkeln von Mitgefühl mit Menschen, die in Not waren, auch auf mein eigenes Leben auswirkte, auf meine Einstellungen und Stimmungen und natürlich darauf, wie meine Therapeutic-Touch-Behandlungen meine Klienten beeinflußten.

Meine Schlußfolgerungen waren nur schwer zu analysieren und zu strukturieren, aber ich gelangte zu der Überzeugung, daß der vorher erkannte zweistufige Prozeß darüber hinaus auf einer sehr subtilen, aber dennoch wahrnehmbaren Ebene stattfand. Auf einer Ebene konnte das Bewußtsein relativ einfach Energieströme feststellen, ihre charakteristischen Merkmale in bezug auf Krankheit oder Wohlbefinden erkennen und ihre Dynamik als Prozeß auf der intellektuellen Ebene ziemlich gut verstehen. Doch dahinter, auf einer tieferen Ebene, befand sich eine ganz andere, komplexe Ebene der Organisation; dort war der Fluß der Energien nur ein Substrat. Dieser letzte Aspekt spielte im Therapeutic-Touch-Prozeß immer häufiger eine Rolle: als Einsichten über den Zustand des Klienten; intuitives Wissen über die Ursprünge dieses Zustandes, das sich als richtig erwies; oder das Erkennen der Faktoren, die zur Manifestation geführt hatten. Später wurde mir klar, daß dies eine völlig andere Ebene des Erkennens war, die ich früher nur ab und zu erahnt hatte. Je besser ich mit diesem tiefen persönlichen Wissen umgehen konnte, desto mehr Vertrauen faßte ich in meine Therapeutic-Touch-Behandlungen. Dies wiederum vertiefte mein Verständnis für die Beziehung zum Klienten.

Jahrelang studierte ich diese Entfaltung des Bewußtseins so sachlich wie möglich in den Therapeutic-Touch-Sitzungen und sagte zu niemandem ein Wort darüber. Allerdings machte ich mir Notizen, bezog andere Chakren in meine Studien mit ein und meditierte über meine Erkenntnisse. Vor allem die Meditation half mir sehr, denn dann fühlte ich mich frei, meine persönlichen Tiefen zu erforschen, und damit zapfte ich die Quellen an, die mich eine andere Perspektive des Heilens erkennen ließen. Um die nötige Objektivität zu gewährleisten, suchte ich Situationen, die eine Herausforderung für mich darstellten und in denen ich mich mit meinen Einsichten über den Klienten auseinandersetzen mußte. Mit der Zeit machte ich es mir zur Gewohnheit, meine Klienten darum zu bitten, solche Informationen nicht mitzuteilen, so daß ich gezwungenermaßen und ohne Hilfe die »Deep Dee«-Einschätzung machen mußte. Ich hielt mich daran, wann und wo auch immer ich Therapeutic Touch demonstrieren sollte. Diese Herausforderung diente dazu, im Moment mein Bestes zu geben, und ich lernte währenddessen schnell und viel dazu.

ERFORSCHUNG DES SELBST, TEIL 8
Der Krieger des Heilens – eine Übung in Mitgefühl

Material: Papier, Stift und das »Deep Dee«-Formular (vgl. Seite 147)

Die Übung

1. Sie setzen sich bequem hin und zentrieren Ihr Bewußtsein.
2. Wenn Sie zentriert sind, gehen Sie im Geiste zurück zu jemandem, der Sie so tief liebte, daß Sie davon gerührt waren und emotional reagierten, eventuell mit einem wechselseitig ähnlichen Gefühl.
3. Erleben Sie diesen Moment jetzt noch einmal, lassen Sie auch starke Emotionen zu, selbst wenn dieser Mensch vielleicht gar nicht mehr am Leben ist.

4. Nun visualisieren Sie diese Person ganz klar, so als ob sie neben Ihnen stehen würde. Fühlen Sie ihre Präsenz wie damals, erleben Sie noch einmal das Gefühl der Liebe, das Sie miteinander verbunden hat.
5. Jetzt konzentrieren Sie sich auf Ihre Atmung. Sie kehren in die Gegenwart zurück und nehmen einfach die rhythmischen Bewegung des Atems wahr.
6. Bei der nächsten Ausatmung konzentrieren Sie sich auf das Herzchakra und lassen zu, daß es sich öffnet und bewußt wird. Sie spüren, wie es sensibel auf Sie reagiert, und lenken die Energien, die Sie als Liebe erfahren, zu einem Menschen, den

Abb. 2: Die Energie der mitfühlenden Liebe strahlt aus dem Herz- und Hals- oder Kehlchakra aus.

Sie gerade lieben. Bleiben Sie für einen Moment in diesem nach außen gerichteten Fluß der Liebe.

7. Mit der nächsten Ausatmung wird dieser Energiefluß der Liebe breiter und schließt alle Menschen, die Sie kennen, mit ein. Das machen Sie zwei, drei Atemzüge lang.

8. Dann dehnt sich der Energiefluß auf alle Menschen aus, die der Liebe bedürfen: die Ungeliebten, Unerwünschten, Im-Stich-Gelassenen, Zurückgewiesenen.

9. Sprechen Sie im Geiste mit diesen Menschen, lassen Sie sie wissen, daß sie nicht vergessen sind, daß Sie das Band zwischen ihnen als anderen Lebewesen erkennen, daß Sie Ihre Liebe ohne Bedingungen und Anhaftungen freiwillig geben.

10. Denken Sie nun an eine Gestalt, die für Sie diese Art Liebe repräsentiert: die Weltenmutter, Guan Yin, Mutter Maria, Mutter Theresa, Ihre eigene Mutter, Ihr Lehrer, Ihr Führer. Erkennen Sie, daß Sie ein Krieger auf Ihrem Weg sind.

11. Nun stellen Sie sich vor, daß Sie ein Teil des Mitgefühls dieser Gestalt für die Ungeliebten und Vergessenen dieses Planeten sind.

12. Lassen Sie diese mitfühlende Liebe sanft und ohne Anstrengung fließen. Wenn Sie dazu bereit sind, kommen Sie zurück.

13. Lassen Sie sich ein paar Augenblicke Zeit, und schreiben Sie dann Ihre Erfahrungen auf dem »Deep Dee«-Formular nieder. Danach können Sie Ihre Eindrücke etwas ausführlicher in Ihr Tagebuch schreiben.

Bis heute kann ich die Energiefelder eines Menschen bzw. die darin befindlichen Chakren nicht »sehen«. Dennoch waren die oben beschriebenen Ereignisse für mich eine extrem hilfreiche Übung, um wahrnehmen zu können, wie diese Bewußtseinsfelder durch mich wirken und wie ich meine Sensitivität weiterentwickeln kann, um auf diese Weise wertvolle Einsichten zu gewinnen und anderen helfen zu können. Doch Achtung! Dieser Lernprozeß macht sehr empfänglich für die Emotionen anderer Menschen und auch für die eigenen. Es ist also durchaus empfehlenswert, diese Erforschung weiterzuverfolgen, doch gleichzeitig muß man um innere Balance und Ausgeglichenheit im eigenen Leben bemüht sein. Sonst kann sich die so gewonnene fokussierte Kraft gegen einen richten und dazu führen, daß unkontrollierte emotionale »Stürme« uns anfechten, die die für das innere Zuhören nötige Ruhe und Gelassenheit über den Haufen werfen. Ich habe das Gefühl, daß mein Selbststudium in diesen Bereichen des Bewußtseins erst in den Anfängen steckt. Ab und zu erhasche ich durch Erfahrung und persönliches Wissen einen flüchtigen Blick auf ihr unvorstellbares Wirken. Doch ich weiß, daß ich ihre wahre, einzigartige Bedeutung noch nicht wirklich verstanden habe.

Das im folgenden beschriebene »MagneT-Touch«-Spiel soll Ihnen helfen, ein persönliches, aber objektives Verständnis einer Energiefeld-Erfahrung zu gewinnen. Denken Sie bei diesem Spiel an das universale Magnetfeld als Entsprechung zum universalen Feld menschlichen Bewußtseins, das die Taten aller Menschen erleuchtet. Der einzelne Magnet, dem Sie sich nähern, ist eine örtliche Fixierung des universalen Magnetfeldes und entspricht dem lokalisierten Feld des menschlichen Bewußtseins, dem Chakrakomplex des einzelnen Menschen.

ERFORSCHUNG DES SELBST, TEIL 9
Das MagneT-Touch-Spiel

A. So stellen Sie ein MagneT-Touch-Armband her:

Material: 2 kleine Magneten, ein circa sieben Quadratzentimeter, großes Baumwolltuch, elastisches Material, circa eineinhalb mal zehn Zentimeter; Nadel und Faden.

Die Übung

1. Sie falten das Tuch auseinander und legen einen Magneten in die Mitte.

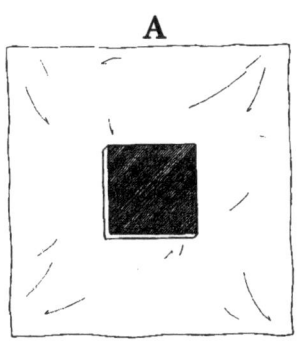

Abb. 3: Das MagneT-Touch-Spiel, Schritt 1

55

2. Seite A wird über den Magneten Nr. 1 gefaltet.

3. Seite B wird so gefaltet, daß Magnet 1 eng zwischen den beiden Falten liegt.

4. Nähen Sie den Magneten 1 so ein, daß er sich nicht mehr bewegen kann.

5. Nehmen Sie nun das elastische Material der Länge nach und ziehen es bei Punkt C durch das gefaltete Tuch und nähen Sie es dort fest.

6. Das andere Ende des elastischen Bandes wird bei Punkt D festgenäht. Nun haben Sie ein MagneT-Touch-Armband.

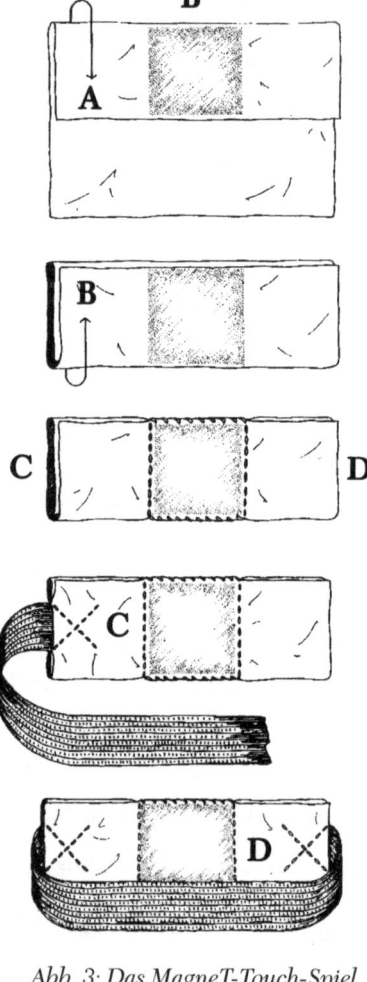

Abb. 3: Das MagneT-Touch-Spiel, Schritte 2-6

7. Das MagneT-Touch-Armband wird um die Hand getragen, der Magnet liegt in der Handfläche des Spielers, dort wo das Handchakra sitzt.

56

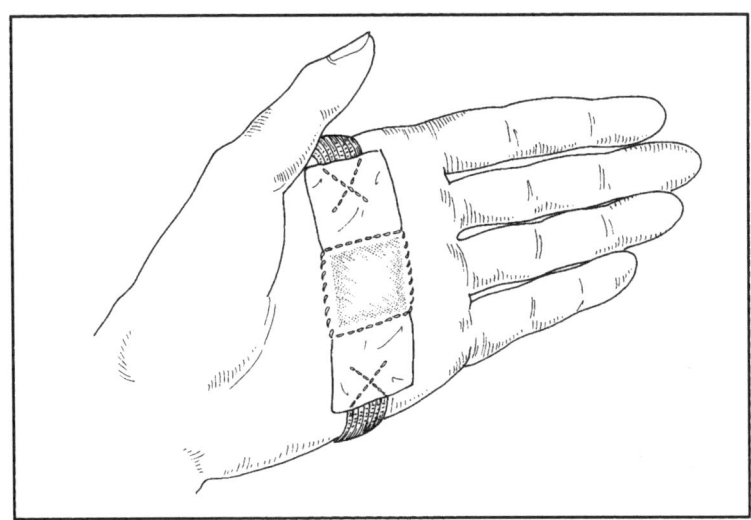

Abb. 4: Das MagneT-Touch-Spiel, Schritt 7

B. MagneT-Touch – das Spiel

Dies ist ein Gewinnspiel, aber auch eine Technik, um ein Gespür für das reale, aber unsichtbare Magnetfeld und seine Kraft zu entwickeln.

Man kann das Spiel zu zweit oder auch mit zwei Mannschaften spielen. Mit zunehmender Übung kann man die Technik zu einer hohen Kunst entwickeln; dann kann das Spielfeld vergrößert oder die Augen der Spieler können verbunden werden, um es noch spannender zu machen. Versucht wird, das Handchakra und seine Reaktion auf das Magnetfeld zu sensibilisieren.

Material: 2 MagneT-Touch-Armbänder; 2 Magnete, je ca. zweieinhalb Quadratzentimeter (»Magnet Nr. 2«, pro Team einer).

Gespielt wird auf einer glatten Fläche, zum Beispiel einem Tisch. Das Spielfeldende wird ca. 30 cm vor dem Spieler markiert. An dem Ende, wo die Spieler sind, kann man eine Startmarke setzen.

Die Punktekarte sieht so aus:

Spieler/Team: *Züge:*   *Punkte:*

Das Spiel

1. Die beiden Spieler bzw. Teams stellen sich beim Spielfeld auf. Gespielt wird abwechselnd; man kann eine Münze werfen, um festzulegen, wer anfängt.
2. Der Spieler legt das MagneT-Touch-Armband an und nähert sich dem Spielfeld; am Rand legt er seinen Magneten Nr. 2 hin. Die Oberseite von Magnet 2 sollte dem Magneten 1 im Armband entgegengesetzt sein, so daß sie sich bei entsprechender Nähe gegenseitig anziehen.
3. Der Spieler geht nun mit der Hand bzw. dem MagneT-Touch-Armband nahe an Magnet 2 und versucht, den Magneten 2 zur bzw. über die Finish-Linie, 30 Zentimeter entfernt, zu ziehen. Wenn der Magnet sich bewegt, egal wohin, wird das auf der Punktekarte festgehalten. Jedesmal wenn Magnet 2 über die Finish-Linie gezogen wird, gibt es einen Punkt.
4. Wenn der Spieler zu nahe an den Magneten 2 herankommt und dieser am MagneT-Touch Armband hängenbleibt, ist die Gegenseite an der Reihe. Jeder Spieler darf dreimal spielen.
5. Ziel ist es, soviel Punkte wie möglich mit sowenig Zügen wie möglich zu erzielen. Ein Spezialfall ist gegeben, wenn ein Spieler den Magneten 2 perfekt zwischen der Zugkraft des Schwerkraftfeldes und der Kraft des Magnetfeldes balancieren kann, so daß Magnet 2 abhebt. Dann wird dieser Spieler zum Großmeister des MagneT-Touch erklärt und gewinnt automatisch das Spiel!

Soviel zu Spiel und Spaß! Jetzt ist es Zeit, sich ernsthaft mit der entscheidenden Rolle der Chakren, der Kraftzentren des Bewußtseins des Menschen, bei der reifen, bewußten Therapeutic-Touch-Praxis zu beschäftigen. Dieser Prozeß, da bin ich sicher, wird Ihre Motive klären: *Warum möchte ich ein Heiler sein?*

Kapitel 4
Die Realität der Chakren

Läßt man die persönliche Erfahrung einmal außer acht, wie können wir dann objektiv wissen, wie die Energien »da draußen« im Universum zu einem menschlichen Wesen werden? Der westliche Kulturkreis hat über dieses alltägliche und doch wunderbare Phänomen kaum Nennenswertes zu berichten. Doch immerhin wird durch die Forschung in den verschiedensten Bereichen – Quantenphysik, Astronomie, Anthropologie und Tierkommunikation – heute allgemein akzeptiert, daß Elektronen, unsere Vorfahren, eventuell Lebewesen von anderen Planeten und ganz sicher Delphine, Wale, Wölfe, Grizzlybären und Gorillas ihre ganz eigenen Kommunikationsmethoden haben bzw. hatten, die bei ihnen genauso gut funktionieren wie die des Menschen. Trotz unterschiedlicher Perspektiven erkennen doch all diese Wissenschaften an, daß auf unserem Planeten nicht nur eine Realität existiert, sondern mehrere parallel in Raum und Zeit, und vielleicht in optionalen konzeptuellen Rahmen bzw. Dimensionen.

Doch die nicht-gewöhnliche Realität, die sowohl Heiler als auch Mystiker als die ihre beanspruchen, ist schon lange bekannt; seit mindestens 3000 Jahren gibt es darüber schriftliche Aufzeichnungen, zum Beispiel die Veden (*veda* bedeutet im Sanskrit »Weisheit« bzw. »Wissenschaft«), die ältesten Schriften des alten Indiens. Die in den Veden enthaltenen Upanischaden beschreiben eindeutig die nicht-physischen Chakren des Menschen und liefern beeindruckende, subjektive Schilderungen der inneren Dynamik des Chakra-Systems, zum Beispiel, wie sich die Chakren synchronisieren und Lebensenergien aus verschiedenen supraphysischen Feldern in die Organe des Körpers leiten und verteilen, wo sie dann zu unterschiedlichen Bewußtseinszuständen führen können.

In den Upanischaden findet sich zwar das detaillierteste Wissen über die Chakren und ihre Funktionen, doch sie werden auch in vielen anderen Kulturen beschrieben, so zum Beispiel bei den Sufis im Nahen Osten und bei den Indianern, insbesondere im Südwesten Nordamerikas. Interessant ist auch, daß im Westen das Wissen über die Chakras unabsichtlich im bekannten Logo des Arztberufes die Zeiten überdauert hat: dem Caduceus, dem Äskulapstab. Auf diesem alten Symbol stehen die Kontaktpunkte zwischen den beiden ineinander verschlungenen Schlangen mit dem Stab, dem Symbol der Wirbelsäule, für den Sitz der fünf nichtphysischen Hauptchakren bzw. deren Entsprechung im physischen Körper. Die beiden Flügel über den Schlangenköpfen repräsentieren die beiden nichtphysischen Blätter bzw. Energiespiralen eines 6. Chakras, das sich im Bereich der Hypophyse (Hirnanhangdrüse) im Gehirn befindet.

Ich beschränke mich hier auf zwei maßgebliche Quellen. Avalon (1916), ein englischer Gelehrter, übersetzte als erster alte Manuskripte des Laya Yoga, in denen die Hauptchakren beschrieben sind, aus dem Sanskrit ins Englische. Sein Werk fand weltweit Anerkennung, und er wurde zum Ritter geschlagen (als Sir John Woodroffe); er ist meine traditionelle Informationsquelle. Meine zweite Quelle ist Dora Kunz; ich beziehe mich auf das, was ich von ihr gelernt bzw. was ich in ihren Schriften gefunden habe. Dora ist eine zeitgenössische Kapazität, wenn es um die klinischen Aspekte der Chakra-Dynamik geht. Am Ende dieses Kapitels werde ich auch aus meiner persönlichen Erfahrung mit Therapeutic Touch noch ein paar allgemeine Bemerkungen hinzufügen.

Die Chakren als Bewußtseinszentren

Die Chakren – so Avalon (S. 115) – sind Bewußtseinszentren (Sanskrit: *caitanya*). Er beschreibt ihre dynamische Funktionsweise analog zu lokalisierten Energiefeldern, deren Funktionen die universalen Felder widerspiegeln, aus denen sie kommen. Auf der individuellen Ebene können die Chakra-Attribute als Zentren unterschiedlicher Bewußtseinsarten beschrieben werden, die in die menschlichen Energiefelder des persönlichen Selbst eingebettet sind. Das menschliche Energiefeld ist ein Komplex vieler sich gegenseitig durchdringender Energiefelder (unter anderem das elektromagnetische Feld, die Schwerkraft, schwache und starke atomare Kräfte); ihre charakteristischen Eigenschaften stehen miteinander in Beziehung und bilden ein lebendes Muster, was für uns den Ausdruck der menschlichen Natur darstellt. Die Chakren haben die Aufgabe, feinstoffliche Energien in jene Energien zu transformieren und zu verwandeln, die das psycho-physiologische Wesen des persönlichen Selbst ausmachen.

Es gibt drei Hauptkräfte, die durch die Chakren fließen: Vitalität, Lebenskraft und die ruhende schöpferische Kraft Kundalini. Es gibt mehrere Haupt- und Nebenchakren; wir beschäftigen uns an dieser Stelle in erster Linie mit den sieben Hauptchakren auf der Ebene des Lebensenergiefeldes, jener Ebene, die im physischen Körper die Muster von Wohlbefinden und Krankheit abbildet. Diese Hauptchakren haben im Körper folgende Entsprechungen: Das Scheitel- bzw. Kronenchakra (sahasrara) am Scheitelpunkt; das »Dritte Auge« (ajna) in der Hirnanhangdrüse im Gehirn; das Hals- bzw. Kehlchakra (vishuddha) in der Medulla Oblongata am Ansatz des Gehirns zur Wirbelsäule; das Herzchakra (anahata) im Herzbereich; das Solarplexuschakra (manipura) im Sonnengeflecht; das Milzchakra (svadisthana); und das Wurzel- bzw. Basischakra (muladhara) am Steißbein. Das Kronenchakra und das Milzchakra sind keine Chakren im eigentlichen Sinn; darauf wird später noch genauer eingegangen.

Fünf dieser sieben Chakren sitzen im Rumpf des menschlichen Körpers. Das 6. Chakra, das »Dritte Auge« (Sanskrit: ajna, »Befehl, Auftrag«), hat eher einen Bezug zum Bereich zwischen den Augen. Das Scheitelchakra (sahasrara) wird oft als 1000-blättriger Lotos (Sanskrit: sarasrara, »tausend«) dargestellt. Es arbeitet unter anderem auf der Achse Hypophyse-Epiphyse mit dem Dritten Auge zusammen. Außerdem hat es einen Bezug zum Großhirn und zu allen Bereichen des Bewußtseins.

Man geht davon aus, daß sowohl die Schwingungen als auch die Funktionen der Chakren sich – angefangen am Steißbein bis hoch zum Kopf – immer differenzierter gestalten. Eine Person, die nach und nach die höheren Chakren immer besser kontrollieren kann – vom Herz- zum Scheitelchakra aufsteigend –, entwickelt damit auch ihr Bewußtsein immer mehr.

Am unteren Ende der Genitalien, über dem Wurzelchakra, gibt es noch ein Chakra, das für unsere Betrachtung keine so große

Rolle spielt, das *Svadhisthana*-Chakra. Es steht mit den Ausscheidungs- und Fortpflanzungsfunktionen in Verbindung.

Abbildung 5 zeigt die Verbindung des *Muladhara* (Wurzel-)Chakras zu dem Lebensenergiefeld am Kreuzbein-Nervengeflecht; es hat seinen Sitz im Bereich des Steißbeins; das *Svadhisthana*-Chakra hat einen Bezug zur Prostata bei Männern und befindet sich am Kreuzbein; das *Manipura* (Solarplexus)-Chakra steht in Beziehung zum Epigastrium und sitzt im Lendenbereich; das *Anahata* (Herz)-Chakra bezieht sich auf den Plexus in der Herzgegend und liegt im Dorsalbereich der Wirbelsäule; und dem *Vishuddha*-Chakra wird der Rachen/Kehlkopfbereich zugeordnet; es befindet sich auf Höhe der Halswirbelsäule.

Diese Energiezentren stehen sowohl mit dem zentralen Nerven-

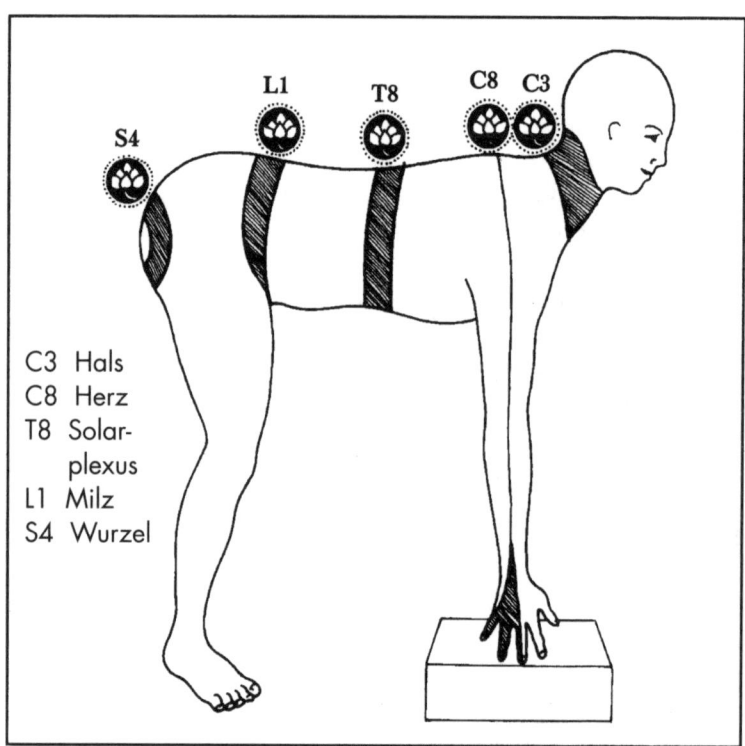

Abb. 5: Beziehung der fünf Chakren zu bestimmen Nervengeflechten des physischen Körpers

system als auch mit den Hirnnerven in Verbindung und beeinflussen die feinstofflichen Energien des sekretorischen, sensorischen und Bewegungsapparates. Außerdem haben sie über die Konduktoren eine Beziehung zu den folgenden Körperfunktionen:

Chakra	Physiologische Funktion
Wurzelchakra (*Muladhara*)	Fortpflanzung
Sex-Chakra (*Svadhisthana*)	Harnausscheidung
Manipura (*Solarplexus*)	Verdauung
Herzchakra (*Anahata*)	Herzkreislaufsystem
Halschakra (*Vishuddha*)	Atmung
Drittes Auge (*Ajna*)	Visualisierung
Scheitelchakra (*Sahasrara*)	Willenskraft

Nadis – die Energiebahnen des Menschen

Die Vitalität bzw. Lebenskraft (Prana) für all diese Aktivitäten wird in nicht-physischen Strukturen, die von den Chakren ausgehen, transportiert. Ihre Rolle ist die Bildung und Verteilung nicht-physischer Bahnen, der Nadis (Sanskrit *nad*: Bewegung), im Zentrum des Chakras (vgl. Avalon, S. 95). Das Hauptnadi ist das Sushumna; es verläuft entlang der Wirbelsäule. Man unterscheidet außerdem noch zwei weitere, feinere Organisationsebenen in der Sushumna: Die erste feine Ebene ist Vajrini, und innerhalb dieser Dimension gibt es noch die Chitrini, die »so fein wie ein Spinnfaden ist«. Sushumna verläuft über die Wirbelsäule bis hinein in die Gehirnventrikeln, geht also vom Wurzelchakra am unteren Wirbelsäulenansatz bis hoch zum Scheitelchakra. Das Sushumna wird von zwei weiteren Hauptbahnen, die seitlich der Wirbelsäule verlaufen, begleitet, Ida und Pingala, die einen Bezug zum sympathischen Nervensystem der Ganglien haben. Sie haben unter anderem die wichtige Aufgabe, die Atmung zu regulieren.

Hauptchakren im Lebensenergiefeld

Wenn man den physischen Körper als Referenz nimmt, sitzt am unteren Ende der Wirbelsäule, im Wurzelchakra, die schöpferische Kraft *Kundalini*, die »alle atmenden Lebewesen erhält« (Avalon, S. 118). Sämtliche Nadis, insgesamt 72 000, gehen von dieser Stelle im Wurzelchakra aus; dieser Komplex heißt auch *Kanda* (Avalon, S. 164). Das Wurzelchakra befindet sich bei Männern zwischen Anus und Genitalien, bei Frauen ist die Lage etwas anders.

Kurz gesagt, steht das Solarplexuschakra mit dem Nabel in Verbindung; ein anderer Sanskrit-Name lautet *Nabhisthana* (Sanskrit *nabhi* = Nabelschnur). Es spielt eine Rolle bei der Menstruation, visueller Wahrnehmung, Atmung und der Übertragung von organischen Substanzen in die psychischen Energien der eher sinnlichen Emotionen.

Dem Milzchakra sind die Spezialisierung, Unterteilung und die Verteilung von Prana (Vitalität) zugeordnet, welches von der Sonne kommt. Durch Erschöpfung, Krankheit und sehr hohes Alter kommt es zu Störungen des Milzchakras. Das Prana an sich besteht aus fünf Untersystemen, die auf der jetzigen Evolutionsstufe assimiliert werden können. Avalon sagt: »Das kollektive Prana hält ihn (den Körper) als menschliche Einheit zusammen; genauso unterstützt es die unterschiedlichen Prinzipien und Elemente, aus denen es zusammengesetzt ist« (Avalon, S. 161).

Das Herzchakra ist der Sitz des Prana, der Lebensenergie, und die Wohnstatt der individuellen Seele. Es ist »... der Ort, wo die Weisen den Puls der Zeit vernehmen«. *Vayu* (Luft), das Hauptelement von Prana, hat sein Zentrum im Herzchakra. Durch das Aktivieren des Herzchakras wird der Berührungssinn stimuliert (Avalon, S. 120).

Im Halschakra sitzt auch *Udana*, eine der bereits erwähnten fünf pranischen Substanzen (vgl. Abb. 6, S. 86). Es wird assoziiert mit dem Atem, der im Zustand des *Samadhi* – des tiefen, mystischen Eins-Seins mit der Quelle des Lebens, »... die Seele in den Kopf führt«. Im Halschakra wird auch Prana durch die Kraft von Mantras, also der Kraft des kontrollierten Klanges, transformiert. Außer zum Klang – bzw. aufgrund der Beziehung zu Klang – hat das Halschakra auch eine Verbindung zur Haut und zu Schwingungen.

Wie bereits erläutert, arbeitet das Dritte Auge mit dem feinsten Bewußtseinszentrum, dem Scheitelchakra, zusammen. Es hat einen Bezug zur Hypophyse-Epiphyse-Achse und zum kavernösen Nervengeflecht. In ihm wohnen die kognitiven Sinne, die uns zur Einsicht, zu klarer Visualisierung und den feinen Sinneswahrnehmungen führen. Die bereits beschriebenen drei Hauptnadis – Sushumna, Ida und Pingala – verflechten sich am Dritten Auge zu einem »Knoten« bzw. *Granthis*. Dies ist einer der drei äußerst wichtigen Stellen im Körper. Die beiden anderen »Knoten« – Orte großer Lebenskraft – befinden sich am Herzchakra und am Wurzelchakra (Avalon, S. 126).

Das Scheitelchakra steht auch in Beziehung zur Hirnrinde, wo die Willenskraft und der Altruismus sowie Zustände eines unitären Bewußtseins ihren Ursprung haben (Avalon, S. 149). Das Scheitelchakra ist das Ziel der Kundalini, wenn sie aktiviert wird.

Letztendlich haben alle Chakren eine Beziehung zur höheren Ordnung des Selbst, dem Inneren Selbst. Diese Bewußtseinsfelder korrespondieren mit unterschiedlichen Formen menschlichen Verhaltens, und wie in allen religiösen Systemen begibt sich der Yogi aus altruistischem Antrieb auf den Pfad, die Kontrolle über all diese Verhaltensweisen zu erlangen. Auf diesem Weg spielen auch die Nadis eine Rolle; sie sollen gereinigt und geöffnet werden, um die Kundalini zu aktivieren. Wenn dies erreicht ist (wahrlich keine leichte Aufgabe!), fließt Kundalini das Hauptnadi, Sushumna, hinauf. Dort, wo es auf die drei Knoten bzw. Granthis trifft – im Wurzel-, Herzchakra und im Dritten Auge –, verändert sich das Bewußtsein des Suchenden.

Krankheit und Gesundheit – die Rolle der Chakren

Für diesen Teil des Buches beziehe ich mich auf Dora Kunz, zum einen auf ihre direkte Unterweisung während der letzten 23 Jahre über die subtilen Wirkungen der Chakren auf den Heilungsprozeß, zum anderen auf ihre Bücher (Kunz, 1985; Karagulla und Kunz,

1989; Kunz, 1991). Das folgende ist mit ihrer ausdrücklichen Erlaubnis niedergeschrieben. Dora Kunz hat eine wahre Schatzkammer an persönlichen Erfahrungen und weiß viel um die supraphysischen Welten; darüber lehrt sie auf unnachahmliche Weise und mit großer Weisheit. Allen, die mehr über die komplizierte Dynamik des Supraphysischen wissen möchten, empfehle ich die Lektüre ihrer Bücher.

Dora Kunz lehrt, daß die menschlichen Energiefelder lokale Repräsentationen der universalen Lebensfelder sind. Die Energieströme des Lebensenergiefeldes zirkulieren nah am physischen Körper. Es gibt auch ein psychodynamisches Feld im persönlichen Selbst; es umfaßt die volle Bandbreite menschlicher Emotionen sowie ein konzeptionelles Feld, aus dem Gedanken, Theorien, Konzepte und Ideen stammen. Jeder einzelne ist mit anderen Energiefeldern verbunden, zum Beispiel dem Feld der Intuitionen, aus dem wir unsere Einsichten beziehen, und Feldern, die mit unserer spirituellen Natur in Verbindung stehen. All diese Felder durchdringen einander, doch jedes steht auch für sich alleine. Ihre Bewegungen und Funktionen sind fein aufeinander abgestimmt, und doch hat jedes seine ganz besonderen Qualitäten.

Die Chakren befinden sich in diesen Feldern. Sie fungieren als Transformatoren und regulieren die Frequenzen und Rhythmen der Feldenergien, die durch die Kernstrukturen der Chakren fließen; gleichzeitig verbinden sie die einzelnen Energieströme zwischen den verschiedenen Ebenen dieser menschlichen Energiefelder.

Aus der Sicht des individuellen, persönlichen Selbst sind das Lebensenergiefeld, das psychodynamische Feld und das konzeptuelle Feld von spürbarer und unmittelbarer Bedeutung. Das Lebensenergiefeld steht in ständigem Austausch mit dem physischen Körper, der wiederum selbst ein komplex organisiertes Gebilde voneinander abhängiger physischer Energiesysteme ist, die in einem ständigen Wechselspiel arbeiten. Der ganze Komplex ist sehr fein aufeinander abgestimmt und dient dazu, den physischen Körper durch die lebenslange Beziehung zu seinen lokalisierten Lebensenergiefeldern mit Lebensenergie zu versorgen. Das Lebensenergiefeld ist also das interaktive Medium für den Zugang des Körpers zu Prana, das ihn aktiviert und vitalisiert.

Das von der Frequenz her nächsthöhere Feld ist das psychodynamische. Es ist charakterisiert durch Emotionen, Launen, Eindrücke, Gefühle und Empfindungen, die sich auf den Energiefluß zum Lebensenergiefeld und damit auch auf den physischen Körper auswirken. Auf einer noch feineren Organisationsebene befindet sich das konzeptuelle Feld; auch dieses Feld kann den physischen Körper direkt beeinflussen, außer es ist durch wirre Emotionen auf der psychodynamischen Ebene blockiert.

In einem rhythmischen Prozeß – laut Kunz analog zur Atmung – gelangt die Lebensenergie aus den Chakren in den lokalisierten Feldern durch supraphysische Verlängerungen der Wirbelsäule in den Körper und so in Verbindung zum Nervensystem. Die dazwischenliegenden Verlängerungen stehen mit Sushumna, dem Hauptnadi, in Verbindung, durch den das Prana fließt. Schließlich fließen diese Energien zum Chakra-Komplex zurück und in Spiralen hinaus in die Chakra-Peripherie; dort verschmelzen sie allmählich wieder mit dem supraphysischen Lebensenergiefeld. So werden in einem kontinuierlichen Rhythmus von Hereinnehmen, Verarbeiten und Herausfließen die feinstofflichen Energien wieder Teil des universalen Feldes (Karagulla und Kunz, 1989, S. 36).

Der Prozeß des Lebens ist also ein komplexes Netzwerk von Lebensenergie und Bewußtseinsebenen. Der physische Körper reagiert elegant auf diesen Prozeß, wird geformt, koordiniert und belebt durch die integrierte Aktivität dieser Energien. Störungen und Hindernisse, welche die normalen Muster des Energieflusses drastisch verändern, führen zu einem Verlust an Vitalität und zu Krankheit.

Die supraphysische Ebene

Das Scheitelchakra

Auf der supraphysischen Ebene sind die Chakren von großer Bedeutung; sie fungieren sozusagen als Hauptkraft, um die Energie im physischen Körper zu fokussieren. Auf dieser Ebene ist das primäre Attribut des Scheitelchakras, welches direkt mit dem Inneren Selbst verbunden ist, die Aufgabe der Synthese: Es steht mit allen Chakren in Verbindung, arbeitet mit allen zusammen, vor allem denjenigen, die im Ungleichgewicht bzw. Streß sind. Deshalb ist es sinnvoll, die Funktionen des Scheitelchakras in entsprechende Therapeutic-Touch-Praktiken mit einzubeziehen, denn es bringt in alles, womit es interagiert, eine spirituelle Qualität, vor allem in schwierigen Zeiten.

Um ein Verständnis für die Arbeit auf der supraphysischen Ebene in der Therapeutic-Touch-Arbeit zu gewinnen, versuchen Sie, sich mit Ihrem Inneren Selbst zu verbinden und geistig mit dem Klienten zu »sprechen«, um ihm Kraft zu geben. Bestimmte Methoden sind zwar noch in der Entwicklungsphase, doch es könnte zum Beispiel helfen, bei Alzheimer-Patienten, geistig Behinderten oder Epileptikern Therapeutic Touch anzuwenden und auch zu autistischen Menschen durchzudringen.

Dieser Prozeß ist auch bei Sterbenden sehr hilfreich, um ihnen einen friedlichen Übergang in die andere Welt zu ermöglichen.

Das Dritte Auge

Das Chakra zwischen den Augenbrauen arbeitet auf einzigartige Weise mit dem Scheitelchakra zusammen und wird oft als dessen Teil angesehen. Das Dritte Auge hat zwei Teile bzw.»Blätter«; sie arbeiten etwa analog den beiden Teilen der Hirnanhangdrüse, mit der das Chakra in Verbindung steht. Das Dritte Auge hat vor allem mit der Integration von Ideen zu tun, mit Visualisierung und Organisation. Bei älteren Menschen kann die Arbeit am Dritten Auge die Visualisierungsfähigkeit stärken und zu klareren Ideen verhelfen. Auch Konzentrationsschwierigkeiten können so gelindert werden.

Außerdem sind die neurophysiologischen Organfunktionen zu beachten, zum Beispiel der Hirnanhangdrüse. Die Therapeutic-Touch-Praktiken können bei Knochenverformungen und schlechter Kalziumabsorption (wie bei Osteoporose) lindernd wirken. Bei allen Therapeutic-Touch-Behandlungen am Kopf, einem Bereich, der sehr komplex und doch relativ unerforscht ist, sollte man sehr vorsichtig zu Werke gehen. Die Hand sollte immer rhythmisch in Bewegung sein und nie stillhalten; selbstverständlich sollte Therapeutic Touch immer nur für kurze Zeit praktiziert werden.

Das Hals- oder Kehlchakra

Physisch konzentriert sich dieses Feld ungefähr im Bereich der Medulla oblongata, am Schädelansatz. Seine Lebensenergie steht in Verbindung mit der Schilddrüse und den Nebenschilddrüsen; letztere sind vor allem für die grundlegenden Stoffwechselvorgänge im Körper zuständig und deshalb auch für die Wundheilung von Bedeutung. Auch im Auf- und Abbau von Zellgewebe spielt das Halschakra eine wichtige Rolle.

Auf der Ebene der Lebensenergie hat das Halschakra mit Raum – als der Grundlage von Raum – zu tun und mit dem Medium der Vibration. Eine Therapeutic-Touch-Behandlung in diesem Bereich kann zum Beispiel bei Menschen mit Hemiplegie, die wegen einer Hirnverletzung Arme und Beine nur noch auf einer Seite des Körpers bewegen können, hilfreich sein. Auch bei der Arbeit mit Kindern mit zentraler Lähmung aufgrund von Athetose sollte das Halschakra mit einbezogen werden. Wegen seiner Verbindung mit Klang kann Therapeutic Touch am Halschakra bei Hörstörungen, zum Beispiel Tinnitus, den nervlich bedingten Ohrgeräuschen, ausprobiert werden. Aufgrund seines Bezuges zu Schwingungen könnte es auch bei Sprachbehinderungen helfen.

Das Herzchakra

Das Herzchakra steht in Beziehung zu dem Bereich zwischen den Schulterblättern und hat eine Verbindung zum physischen Herzen, dem Blutkreislauf und dem elektrolytischen Gleichgewicht des Lymphsystems. Letzteres scheint eine ausgleichende Wirkung auf die Energien der supraphysischen Ebene zu haben; es kontrolliert den Blutstrom in alle Bereiche des Körpers (Karagulla und Kunz, S. 93).

Das Herzchakra ist das integrierende Zentrum des ganzen Chakrasystems und spielt so eine zentrale Rolle bei jeglichen Krankheiten und Schwächen des physischen Körpers. Es hat auch eine sehr starke Verbindung zum Scheitelchakra und damit auch zu den höheren Bewußtseinsdimensionen. Deshalb ist es auch ein wesentlicher Faktor bei der spirituellen Transformation. Es dient als Medium für die Macht und die Qualität der Liebe und ist deshalb in der Therapeutic-Touch-Behandlung eine sehr große Hilfe bei Menschen mit physischem oder psychischem Mißbrauch oder einem gestörten Gefühlsleben. Auch bei Gefühlen wie Abneigung, Haß oder Eifersucht kann es mit Umsicht und wohlüberlegt eingesetzt werden. Der Therapeutic-Touch-Therapeut sollte dabei den Klienten dynamisch mit seinem Herzchakra arbeiten lassen, zum Beispiel in einer Meditationsübung. Mit Meditation läßt sich auch die Verbindung zwischen Herzchakra und dem Kern des Solarplexuschakra stärken; damit gewinnen die Körperfunktionen an Stabilität und Ausgeglichenheit.

Das Herzchakra hat eine sehr mächtige Eigenschaft: Bewegung. Deshalb ist es für Therapeutic-Touch-Praktiken mit Menschen nützlich, die Probleme mit dem Blutkreislauf oder mit dem Lymphsystem haben. Eine weitere sehr wichtige Verbindung besteht zwischen dem Herzchakra und der Thymusdrüse des physischen Körpers, die im Immunsystem eine große Rolle spielt. Deshalb ist sie in der Therapeutic-Touch-Behandlung bei Infektionen in allen Krankheitsstadien angezeigt. Dora Kunz wurde die wichtige Rolle der Thymusdrüse bei immunologischen Prozessen während einer Untersuchung der Thymusdrüse bewußt. Wissenschaftlich wurde dies erst 1960 belegt und erst in den darauffolgenden Jahren veröffentlicht. Dora Kunz stellte außerdem fest, daß es potentielle Verbindungen zwischen dem Herzrhythmus und emotionalen Zuständen gibt, die sich wiederum auf die Thymusdrüse auswirken können (S. 113).

Das Solarplexuschakra

Das Solarplexuschakra ist in erster Linie den Nebennieren, der Bauchspeicheldrüse, der Leber und dem Magen zugeordnet. Und was noch wichtiger ist: An dieser Stelle treten die Energien des psychodynamischen Feldes in das Lebensenergiefeld ein. Außerdem besteht eine enge Beziehung zum Herz- und Halschakra. Diese Chakren werden demnach beim Therapeutic Touch in Fällen von Hyperaktivität, bei starken, nicht kontrollierten Emotionen wie Wut oder Ärger und bei psychosomatischen Erkrankungen behandelt. Auch bei Blutzucker (Bauchspeicheldrüse) und elektrolytischen Störungen (Leber), bei Verdauungsbeschwerden und zur

Behandlung von Geschwüren im Magen-Darm-Trakt wird der Solarplexusbereich behandelt.

Das Milzchakra

Wie bereits gesagt, ist das Milzchakra kein Hauptchakra; es spielt aber dennoch eine wichtige Rolle im Chakrensystem. Die physiologischen Funktionen sind u. a. das Erneuern der Blutbestandteile und das Speichern von Eisen, außerdem bildet die Milz ein Reservoir für rote Blutkörperchen und ist ein physiologischer Filter für das Immunsystem. Die Milz ist einer der drei wichtigsten Zugänge, durch die Lebensenergie in den Körper gelangt. Die anderen beiden sind die Haut und die Lunge.

Auf der supraphysischen Ebene ist es die Hauptaufgabe der Milz, Lebenskraft (Prana) aus dem Lebensenergiefeld aufzunehmen, zu modifizieren, an die anderen Chakren zu verteilen und sie dadurch alle mit Prana zu versorgen (Karagulla und Kunz, S. 43–44).

Aufgrund dieser entscheidenden Fähigkeit, hat dieser Bereich besondere Bedeutung in der Praxis des Therapeutic Touch, insbesondere bei chronischen Erschöpfungszuständen, als präoperative Maßnahmen, zur postoperativen Regeneration sowie in Krisenzeiten.

Das Wurzelchakra

Das Wurzelchakra befindet sich am unteren Wirbelsäulenansatz (Steißbein). Es ist der Sitz der schlafenden Kundalini; dort entspringt auch das wichtigste Nadi, Sushumna, und mit ihm Ida und Pingala. Dora Kunz hat festgestellt, daß Sushumna mit der Aufnahme von Energie aus dem Lebensenergiefeld zu tun hat; Ida und Pingala dagegen stehen mit der Energieabgabe in Verbindung. Deshalb ist das Wurzelchakra ganz wesentlich mit dem Fluß der Lebensenergien verbunden.

Aufgrund seiner besonderen Beziehung zum Scheitelchakra reagiert das Wurzelchakra auf die grundlegende Intentionalität des Inneren Selbst (Karagulla und Kunz, S. 45). Intentionalität ist wiederum für Therapeutic Touch sehr wesentlich; deshalb kann aus dieser Verbindung eine starke Reaktion entstehen.

Das psychodynamische Feld

Die beschriebenen Chakren im Lebensenergiefeld finden im psychodynamischen Feld sozusagen ein Gegenstück. Die beiden Felder haben keine direkte Beziehung zu den endokrinen Drüsen, mit Ausnahme des Kokzygealkörpers. Diese kleine Drüse wurde erstmals im 19. Jahrhundert von dem Anatomen George Luschkas beschrieben; doch seine Funktionsweise ist bis heute ein Rätsel. Dora Kunz fand in allen Feldern des persönlichen Selbst ein Gegenstück zum Kokzygealkörper – im konzeptuellen Feld, im psychodynamischen und im Lebensenergiefeld. Dies deutet darauf hin, daß diesem Bereich eine komplexere und wichtigere Rolle zufällt, als bislang bekannt ist.

Nach Dora Kunz hat das Wurzelchakra auf der supraphysischen Ebene sowohl einen Bezug zum Gehirn als Organ als auch zur Zirbeldrüse; auch zum Scheitelchakra besteht eine besondere Verbindung, die in bestimmten Bewußtseinszuständen angeregt wird und zum Tragen kommt (Karagulla und Kunz, S. 121).

Die Felder sind auf der Ebene des persönlichen Selbst eng miteinander verwoben; deshalb »verwirbeln« sich die Effekte auf der einen mit denen auf der nächsten Ebene und wirken sich so auch auf die damit in Zusammenhang stehenden Strukturen aus. Vor allem die folgende Beobachtung von Dora Kunz ist sehr erhellend:

»… Emotionen, die lange Zeit vorhanden sind, sind in der Aura ziemlich konstant. Negative Emotionen, wie Depression oder Abneigung, können den Energiefluß beeinträchtigen; das hat weitreichende Folgen für die Beschaffenheit des ätherischen (Lebensenergiefeld) und physischen Körpers. Angstzustände zeigen sich beispielsweise als graublaue Wolken im Astralkörper (psychodynamisches Feld) im Zentrum des Körpers, beim Solarplexuschakra. Dadurch fließt die Astralenergie nach innen zum Körper und hemmt so die normalerweise freie Energiezirkulation im emotionalen Feld. Je näher die graublaue Wolke am physischen Körper ist, desto schlimmer sind Angst und ihre gesundheitlichen Auswirkungen. Wenn sich die Farbe mehr an der Peripherie der Aura zeigt, ist das ein Zeichen dafür, daß die Person dabei ist, sich von ihrer Angst freizumachen.« (Karagulla und Kunz, S. 50)

Dora Kunz weist außerdem darauf hin, daß jeder Mensch»durch seine Reaktionen auf seine Umwelt immerzu Wellen und Ströme von emotionaler Energie schafft,»(denn)... die Materie der Astralwelt ist sehr formbar und reagiert schnell auf Gedankenformen und Bilder, die wir mit Gefühlen durchdringen« (Karagulla und Kunz, S. 51).

Dora Kunz warnt insbesondere alle, die einen heilenden oder helfenden Beruf ausüben. Aufgrund der starken Verbindung zwischen den verschiedenen Feldern des persönlichen Selbst müssen die eigenen Empfindungen unter Kontrolle gehalten werden. Manchmal identifiziert man sich bewußt oder unbewußt so sehr mit den Gefühlen von anderen, daß man deren Schmerz und Kummer spürt. Durch diese Empathie bzw. die Aufnahme solcher Gefühle und ohne das Wissen um die Hintergründe kann es passieren,»daß eine solche Person als Hypochonder betrachtet wird, weil die Symptome ständig wechseln... Wenn man dies allerdings unter Kontrolle hat, wird daraus ein wertvolles Diagnosewerkzeug« (Karagulla und Kunz, S. 53).

Das konzeptuelle Feld

Das konzeptuelle Feld, das psychodynamische und das Lebensenergiefeld durchdringen sich gegenseitig. Nach Dora Kunz ist das konzeptuelle Feld feinkörniger und bewegt sich schneller als die beiden anderen Felder. Es vereint alle Pfade des Bewußtseins und »... kann einen großen Einfluß auf Krankheitsprozesse haben; genauso wie es eine starke Kraft für Gesundheit, Wachstum und Wandel ist.« Wie die Chakren im Lebensenergiefeld und ihr Gegenstück im psychodynamischen Feld sind auch die Chakren auf der Ebene des konzeptuellen Feldes eng mit der nächsthöheren Frequenz (zum Beispiel *buddhic*, Sanskrit) auf der intuitiven Ebene verbunden, der höchsten Ebene des persönlichen Selbst, die nur unter bestimmten Bedingungen verfügbar ist. Das Verständnis dieses Vorbehalts ist wichtig, denn die Grundlagen einer Krankheit gehen häufig über das supraphysische, psychodynamische oder konzeptuelle Feld hinaus. Das gesamte Chakrensystem bildet ein engmaschiges, fein abgestimmtes Netzwerk. Jedes Chakra beeinflußt andere Chakren und wird wiederum von diesen beeinflußt. Der ganze Komplex arbeitet als Gesamtheit und ruft doch bei den Chakren individuelle Reaktionen hervor. Obwohl das gesamte Chakrensystem also sehr komplex ist, darf nicht vergessen werden, daß es – in einem nur dreidimensionalen Bezugsrahmen – keine vollständig gültige, explizite Beschreibung gibt.

Hinweise und Vorschläge

Visualisierung

Ein genauer Beobachter kann an bestimmten Anzeichen erkennen, wie wichtig es ist, die Intentionalität des Klienten dynamisch zu visualisieren. Aus dieser Einsicht heraus läßt der Therapeut den Klienten, der als »Hausaufgabe« Visualisierungen durchführen soll, um die Therapeutic-Touch-Behandlung zu unterstützen, eine Aufgabe dynamisch visualisieren. Der Grund: Wenn ein Bild starr festgehalten wird, kann es den lebendigen Fluß der nicht-physischen Energiefelder des persönlichen Selbst nur wenig beeinflussen (Karagulla und Kunz, S. 63). Um also wirklich effektiv zu sein, muß die Visualisierung aktiv mit Energie geladen werden. Es ist auch sehr wichtig, für das Visualisieren ein Bild bzw. ein Symbol zu verwenden, das für den Klienten eine innere Bedeutung hat. Dora Kunz verweist auf ein Experiment, bei dem festgestellt wurde, daß sich Visualisierungen als rein mentale Übung anscheinend nicht auf die Chakren auswirken (S. 64). Die Chakren reagieren jedoch auf visualisierte Symbole, die für die Person sinnvoll und bedeutungsvoll sind (S. 69). So können Visualisierungen also den Heilungsprozeß unterstützen, denn sie aktivieren das Dritte Auge und laden so das ganze System mit Energie auf; dies wirkt sich positiv auf die Gesundheit aus (S. 169).

Meditation

Zu Recht wurde Therapeutic Touch als »Gehmeditation« bezeichnet (Weber, 1986). Dora Kunz spricht sich für die Wichtigkeit regelmäßigen Meditierens aus, um langfristig von der harmonischen

74

Verbindung zwischen allen Bewußtseinsebenen zu profitieren. Regelmäßiges Meditieren kann vor allem Verhaltensmuster, die zu Spannungen führen, so verändern, daß sogar negative und unangenehme Charakterzüge »umgeprägt« und transformiert werden können. Mit dem Einfließen neuer Energie in die Chakren wird damit auch die Gesundheit verbessert. Dieser Energiefluß wiederum wirkt sich auf den Rhythmus der Chakren aus, so daß diese wieder harmonisch arbeiten. Auch dieser Prozeß unterstützt den Versuch, destruktive Verhaltensmuster aufzubrechen und zu verändern.

Heiler und Heilung

Dora Kunz' Beobachtungen zeigen, daß fast alle, die mit den Händen heilen, dafür ihr eigenes Lebensenergiefeld einsetzen, wenngleich zusätzlich auch Energien aus dem universalen Feld im Heilprozeß genutzt werden. Deshalb ist ihr Lebensenergiefeld elastischer als im Normalfall (Karagulla und Kunz, 1989, S. 93). Doch es gibt noch mehr weitreichende Hinweise. So stellte Kunz beispielsweise fest, daß synthetisches Material wie Nylon den Lebensenergiefluß teilweise behindert, während natürliche Stoffe wie Baumwolle, Seide und Wolle ihn unterstützen (S. 142). Auch Sonnenlicht wirkt sich sehr fördernd und günstig aus; zu langer Aufenthalt in der Sonne erschöpft dagegen das Lebensenergiefeld. Untersuchungen mit farbigem Glas zeigten unterschiedliche Wirkung: Licht, das durch gelbes oder goldfarbenes Glas fällt, lädt mit Energie auf; blaues Licht hat eine beruhigende, schmerzlindernde und blutdrucksenkende Wirkung. Grünes Licht harmonisiert das Lebensenergiefeld. Außerdem scheint es Unterschiede bei farbigem künstlichem Licht und der mentalen Visualisierung der entsprechenden Farbe zu geben. Auch die Form, in der die Farbe eingesetzt bzw. visualisiert wird (zum Beispiel ein Kreis, Dreieck, ein Kreuz) kann die Wirkung verändern (S. 143).

Beschreibung auf der supraphysischen Ebene

Verschiedene Stadien beim Aufwachen aus einer Narkose

Laut Dora Kunz scheint das Lebensenergiefeld eines Patienten unter Narkose quasi aus dem Körper gedrückt zu werden und über dem Kopf zu schweben. Wenn der Patient dann allmählich aufwacht, bewegt sich das Lebensenergiefeld wieder nach unten in den Rumpf. Wenn er wieder voll bei Bewußtsein ist, kehrt es allmählich bis zu den Füßen zurück (Karagulla und Kunz, S.160).

Beruhigungsmittel und ihre Auswirkungen

Nach der Einnahme des Beruhigungsmittels Thorazin verlangsamen sich die Aktivitäten des supraphysischen Gehirns sowie des Dritten Auges und des Scheitelchakras. Auch der Sehnerv, der Bereich um den Hypothalamus und die Hypophyse werden beeinflußt; sowohl die Hör- als auch Sehfähigkeit werden getrübt. Nach einer halben Stunde hat das Beruhigungsmittel alle drei Felder des persönlichen Selbst in Mitleidenschaft gezogen, insbesondere das psychodynamische, dessen Aktivitäten und Funktionen merklich abnehmen (S. 146-147).

Zusammenfassung und Schlußfolgerungen

Zusammenfassend kann man sagen, daß die Chakren als lokalisierte Zentren des Bewußtseins heruntergeschaltete Felder unterschiedlicher Bewußtseinsarten sind, die das menschliche Individuum formen und organisieren. Auf der Ebene des persönlichen Selbst sind dies das konzeptuelle, das psychodynamische und das Lebensenergiefeld menschlicher Energie; es gibt auch lokalisierte Bewußtseinsfelder auf eher spirituellen Ebenen. All diese lokalisierten Felder durchdringen sich gegenseitig und stehen auf allen Bewußtseinsebenen eng und dynamisch miteinander in Verbindung. Ein Ereignis auf einer Ebene wirkt sich deshalb auf das Ganze aus; der ganze Chakrenkomplex beeinflußt wesentlich die verschiedenen Facetten.

Aus diesen lokalisierten Feldern entstehen Wirbel menschlicher Energie, die die Basis bewußter Wahrnehmung von Objekten, Ereignissen, Interaktionen und Beziehungen bilden. Aus diesem Komplex heraus entsteht beim einzelnen Menschen der Geist. Die Bewußtseinsfelder fokussieren und nähren das Individuum mit ihren Feldenergien durch ein Netzwerk supraphysischer Kanäle, die Nadis. Die Hauptnadis haben Kontakt zum Nervensystem des Menschen und zu seinen endokrinen Drüsen und wirken sich auf die chemophysischen und psychophysiologischen Funktionen aus. Durch die feine Abstimmung und Synchronisierung zwischen den Chakren und innerhalb ihrer verschiedenen Organisationsebenen im konzeptuellen, psychodynamischen und Lebensenergiefeld bleibt der Mensch gesund. Dissonanzen im Energiefeld oder sogenannte energetische Lecks machen uns dagegen anfällig für Krankheiten.

Für Therapeutic Touch spielen die sieben Hauptchakren eine wichtige Rolle, insbesondere auf der Lebensenergieebene. Als Reaktion auf bestimmte Veränderungen in Denk- und Gefühlsmustern kann sich beim einzelnen auch die Chakren-Dynamik verändern; die Einstellung des Klienten zum Heilungsprozeß spielt dabei allerdings keine große Rolle. Für den Therapeutic-Touch-Therapeuten ist es eines der wichtigsten Ziele, dem Klienten dieses Verständnis nahezubringen und ihm damit den Zugang zu seinen Selbstheilungskräften zu erleichtern.

Für den Therapeutic-Touch-Therapeuten gibt es noch weitere Ansatzpunkte. Vor allem muß er ernsthaft versuchen, sich mit dem Inneren Selbst zu verbinden und zu lernen, wie sich die Aktivitäten und Funktionen des eigenen Chakrensystems im Selbst zeigen. Es ist äußerst schwierig und für die meisten Menschen fast unmöglich, die Dynamik des Chakrasystems einer anderen Person strukturell zu verändern, auch wenn dies bei einem selbst gelingt. Jeder muß das für sich selbst tun. Als Therapeutic-Touch-Therapeut kann man jedoch den Lebensenergiefluß des Klienten unterstützen und so seine Vitalität stärken, Blockaden auflösen, Schmerzen lindern und auf andere Weise ungesunde Verhaltensmuster verändern, um so den Gesundungsprozeß zu unterstützen.

Vor allem die Arbeit mit dem Herzchakra des Therapeuten und des Klienten ist sehr hilfreich, denn es ist das Zentrum der Integration des gesamten Chakrakomplexes. Durch Visualisierungs-«Hausaufgaben«, Meditationen und andere verstärkende Maßnahmen kann der Klient lernen, wie wertvoll das Herzchakra für den Therapeutic-Touch-Prozeß ist. Ziel ist es, dem Klienten zu helfen, psychosomatische Verhaltensmuster, verdrängte Anteile und andere emotionale Disharmonien so zu verändern, daß die Selbstheilungskräfte angeregt werden. In der Behandlung wird zusätzlich unterstützend der Lebensenergiefluß umgeleitet, verändert oder geglättet.

Die Beobachtungen von Dora Kunz zeigen beispielsweise, daß der Therapeut bei Infektionskrankheiten am entsprechenden Bereich des Herzchakras über der Thymusdrüse, am unteren Ansatz des Brustbeins arbeiten kann, um so das Immunsystem zu stärken. Auch bei Herz-Kreislauf-Beschwerden, zu hohem bzw. zu niedrigem Blutdruck und elektrolytischen Unregelmäßigkeiten steht das Herzchakra im Mittelpunkt der Behandlung. Da das Herzchakra eine besondere Verbindung zum Scheitelchakra und auch zum Tastsinn hat, schenkt eine ganz sanfte, sensible Behandlung Sterbenden ein Gefühl von Gelassenheit und Klarheit. Diese Technik ist auch sehr hilfreich bei Menschen, die in großer Angst leben oder gerade in einer Krise stecken.

Die Arbeit am Energiefluß im Solarplexusbereich (über den Nebennieren) ist vor allem bei Menschen mit emotionalen Störungen bzw. psychosomatischen Symptomen empfehlenswert. Die Therapeutic-Touch-Erfahrung zeigt, daß auch bei extremer Erschöpfung und in der Genesungsphase nach chirurgischen Eingriffen oder schwerer Krankheit das Lebensenergiefeld hier sehr schnell auf die Behandlung anspricht. Es scheint auch eine sehr sichere Praktik zu sein, denn seit den Anfängen des Therapeutic Touch – vor 23 Jahren, – gab es keinen einzigen Bericht über negative Reaktionen auf diese Therapeutic-Touch-Behandlung. Bei unklaren Fällen verhalf dem Therapeutic-Touch-Therapeuten eine stille Meditation über den Zustand des Klienten zu mehr Klarheit darüber, was für den Klienten am besten war; auch die richtigen »Hausaufgaben« für den Klienten können dem Therapeuten in der Meditation klarwerden.

Als präventive Maßnahme kann der Therapeutic-Touch-Therapeut in der Woche vor einem operativen Eingriff immer wieder kurze Zeit sanft das Energiefeld des Klienten vitalisieren und stabilisieren. Mit Erlaubnis sowohl des Patienten als auch der verantwortlichen Ärzte kann nach der Operation in der Aufwachphase das Energiefeld sanft geglättet und damit die Anästhesie aus dem System vertrieben werden; selbstverständlich muß man dabei ein Auge auf die Lebenszeichen des Patienten und andere psychophysiologische Anzeichen haben. Dabei sollte der Patient nicht aufgeweckt werden, denn Schlaf ist für den Körper eines der besten Genesungsmittel. Der Therapeut sollte dabei auf sein eigenes Herzchakra achten; es dient ihm als Führer bei der Therapeutic-Touch-Behandlung, die allerdings nur solange dauern sollte, bis der Patient wieder voll bei Bewußtsein ist. Dann kann man Atemübungen durchführen, um die Lungen wieder gut mit Sauerstoff zu versorgen. Ist der Patient wach genug, kann man jetzt – oder auch später – die Übung 3 zur Erforschung des Selbst (S. 27) durchführen und so den Stabilisierungsprozeß unterstützen.

Aus den bereits genannten Gründen sollten Patienten, die Medikamente wie Beruhigungsmittel oder Psychopharmaka einnehmen, in dem dem Solarplexuschakra zugeordneten Bereich behandelt werden. Die Arbeit am Lebensenergiefeld des Milzchakras stimuliert die Aufnahme und Verteilung von Prana. Auch die Leber muß sich in dieser Zeit um einige wichtige Aufgaben kümmern, wie zum Beispiel das Gleichgewicht von Flüssigkeiten und Elektrolyte. Für letzteres sollte man sich vor allem auf die Unterstützung der physiologischen Dreiergruppe Nebennieren, Schilddrüse und Hirnanhangdrüse (Hypophyse) konzentrieren. Bei der Therapeutic-Touch-Einschätzung sollte man auf ein Gefühl von Unterbrechungen in der Kontinuität des Lebensenergiefeldes achten und dann langsam und rhythmisch das Feld glätten, und zwar vor allem in den Bereichen, die nach Einschätzung des Therapeuten der Unterstützung bedürfen.

Da alle drei menschlichen Energiefelder des persönlichen Selbst durch solche Medikamente drastisch in Mitleidenschaft gezogen werden, kann der Therapeut als Anwalt des Patienten darauf bestehen, daß die Gabe von Beruhigungsmitteln und Psychopharmaka vermindert wird. Oft arbeiten Therapeuten aus verschiedenen Bereichen als Team zum Wohle des Patienten zusammen und unterstützen sich bei der Behandlung gegenseitig. Dadurch ergibt sich eine wunderbare Möglichkeit für den Patienten, seine Gesundheitsvorsorge neu zu überdenken und sich seiner persönlichen Verantwortung wieder mehr bewußt zu werden.

Ein paar Gedanken

Therapeutic Touch ist ein engagierter und mitfühlender Heilansatz; er macht offen für neue Einsichten, Perspektiven und Ziele, und zwar sowohl beruflicher als auch persönlicher Art. Mit der Praxis des Therapeutic Touch bietet sich die Chance für ein neues Bewußtsein, das mit Wachheit und Frische ein bewußtes, ganzheitliches Einlassen auf den Lernprozeß und auf das Helfen und Heilen ermöglicht. Denn derjenige, der Therapeutic Touch praktiziert, ist sozusagen das Versuchsobjekt für die vielen persönlichen Auswirkungen des Therapeutic Touch.

Wer sich diese persönliche Einsicht zum Ziel setzt, kann oft ganz leicht und viel einfacher als erwartet sowohl seine Weltsicht als auch seinen Lebensstil ändern. Man nimmt bewußter und sensibler die Kräfte wahr, die von innen heraus wirken, beispielsweise wächst die Bewußtheit dafür, daß sich im Hintergrund sublime universale Gesetze subtil auf den Alltag auswirken. Dies geht mit einer wachsenden Wertschätzung für die Gebote und Gesetze einher, die die innere Entwicklung leiten und dafür sorgen, daß das individuelle Recht auf die Wahl des eigenen, persönlichen Lebensweges gewahrt bleibt. Mit der Zeit erwachsen aus diesem persönlichen Wissen neue Perspektiven für das Geheimnis des Heilungsprozesses. Man erkennt, daß das persönliche Einlassen auf den Therapeutic-Touch-Prozeß zu subtilen Transformationen im innersten Wesen des einzelnen führen kann; die Therapeutic-Touch-Praxis wird so zu einer Kunst, und im Ausdruck dieser Kunst findet sich das tiefe, innere Selbst.

Warum möchte ich Heiler sein? Ich weiß, es ist die Suche nach der Muse.

Kapitel 5
Prana: Die Energie, die beim Heilen hilft

Die Vorstellung menschlicher Energie

»Mensch, mein Fuß ist ganz taub!«, rief ich aus und stampfte neben dem alten Wasserloch auf. Es war der erste Tag eines Workshops, den ich zusammen mit Dora Kunz gab, und es war sehr heiß; das Thermometer zeigte fast 38 Grad Celsius an, und der niedrige Stand des Barometers ließ ein Gewitter erahnen.

Ich hatte den morgendlichen Workshop beendet und wollte anstelle des Mittagessens lieber ein kühles Bad nehmen. So pfiff ich nach den Hunden und lief hinunter zu dem Wasserloch, watete ins Wasser und freute mich auf den erfrischenden Sprung ins Wasser. Doch dann rief mich eine Workshop-Teilnehmerin, die am Rand stand, und winkte mir zu. Ich drehte mich also um, und die nächste halbe Stunde waren wir in ein Gespräch vertieft.

Als sie schließlich ging, tauchte ich ins Wasser, um doch noch ein wenig zu schwimmen. Als ich wieder aus dem Wasser kletterte, hatte ich so eine Art taubes Gefühl in meinem rechten Bein. Das machte mich unruhig, denn ich hatte ein paar Monate vorher eine Operation wegen einer angeborenen Anomalie der Knochenstruktur überstanden. Um eine schwerere Operation zu umgehen, hatte der Chirurg mein Kniegelenk und mein Schienbein korrigiert. Seitdem litt ich jedoch aufgrund eines schweren Nervenschadens an konstanten, heftigen Schmerzen im ganzen Bein.

Drei Tage lang gab mir Dora Kunz intensive Therapeutic-Touch-Behandlungen und brachte die Schmerzen im Oberschenkel bis unter das Knie zum Verschwinden. Dann behandelte ich mich selbst sechs Monate lang mit Therapeutic Touch und schaffte es, die Schmerzen im Unterschenkel ungefähr bis zum Knöchel zu lindern. Doch die Nerven in der Fußsohle waren nach wie vor sehr empfindlich, und so mußte ich jeden Morgen ein paar Übungen machen, bevor ich überhaupt richtig stehen konnte. Das Gehen war immer noch nicht ganz schmerzfrei, doch daran hatte ich mich gewöhnt. Aber jetzt, als ich aus dem Wasser stieg, war der Schmerz, mein ständiger Begleiter, anscheinend verschwunden. Nichts tat mehr weh.

Ich ging zu meiner Unterkunft; noch immer dachte ich, daß mein Bein durch das lange Stehen im hüfttiefen kalten Wasser einfach taub geworden war. Doch als ich wieder zum Workshop ging, stampfte ich ein paarmal auf, und es tat immer noch nicht weh. Der Workshop dauerte noch zwei Wochen, und deshalb behielt ich die Sache für mich, achtete die ganze Zeit aber sorgfältig auf mein Bein.

Die Schmerzen kamen die ganze Zeit nicht wieder. Nach Abschluß des Workshops saßen wir zusammen auf dem Rasen und beantworteten noch ein paar letzte Fragen der Teilnehmer. Als wir dann schließlich allein waren, erzählte ich Dora von dem Vorfall und fragte sie nach ihrer Meinung. Sie schaute sich mein Bein an und sagte:»Weißt du, uns ist einfach nicht klar, wieviel Prana in frischem, laufendem Wasser enthalten ist.« Ich hatte zwar auch nicht an ein Wunder geglaubt, doch die einfache Wahrheit ihrer Worte verblüffte mich. Sie hatte recht: Wir wissen den Reichtum an Lebensenergie in lebendigem Wasser, in den Bäumen, der lebensspendenden Sonne, die uns das Prana schenkt, ohne das unser ganzes Sonnensystem gar nicht existieren könnte, einfach nicht zu würdigen. Prana, die Energie, die immerzu durch uns fließt, hält uns gesund und am Leben und hilft uns, wieder gesund zu werden. Dieses geheimnisvolle Wunder ist überall und wird doch so wenig beachtet und gewürdigt.

Prana unterliegt der Organisation des sogenannten»Lebensprozesses« und hält alle atmenden Lebewesen am Leben (Avalon, S. 74). Von der Universalkraft *Vayu* (*va*, Sanskrit: sich bewegen; z.b. rhythmisch) hat Prana die Aufgabe, die Materie des physischen Körpers zu vitalisieren und zusammenzuhalten. Wie in Kapitel 4 bereits erwähnt, wird der stetige Fluß von Prana für den einzelnen durch die Chakren individuell angepaßt. In diesem Prana-Fluß zeigt sich die meisterhafte Organisation der fundamentalen zyklischen Lebenskräfte: Wenn die Bewegung aufhört, hört auch das Leben auf.

Prana ist ein Komplex von Subsystemen; davon können – auf der jetzigen Evolutionsstufe – fünf vom menschlichen Körper assimiliert werden. Ohne die Erkenntnis, daß alle Lebensformen sich in ihren Lebenszeichen unterscheiden, können wir auch keinen Unterschied zwischen dem Lebendigen und Nicht-Lebendigen wahrnehmen z.b. Vitalität oder Prana-Fluß, Funktionen, die einen zugrundeliegenden, geordneten Rhymthus der Bewegung reflektieren, der eng an ein sehr genaues Timing der Funktionen gebunden ist. Rhythmik ist selbst in den einfachsten Formen von Atmung, Pulsschlag und koordinierter Bewegung noch zu erkennen. Beispiel für die Kombination der beiden letztgenannten Funktionen ist die Darmperistaltik, die feste Abfallprodukte aus dem Körper befördert; die Ausatmung ist ein Beispiel für die Integration aller drei Faktoren.

Das stille Mantra

Der Zyklus des Ein- und Ausatmens ist an sich bereits ein Mantra, welches »nicht rezitiert wird, denn es wird ohne den Einsatz des Willens gesprochen« (Avalon, S. 77). Es arbeitet unabhängig von unserem wachen Bewußtsein; die selbstregulierenden Prozesse funktionieren auf einer unterbewußten Ebene, die nur manchmal dem bewußten Willen unterworfen wird. Deshalb sagt man, daß Prana nicht auf der Ebene von Ein- und Ausatmung arbeitet, sondern auf der Ebene der der Atmung zugrundeliegenden Dynamik. Sogar auf der molekularen Ebene, die die pulsierenden Wellen der Peristaltik bestimmt, gibt es einen meßbaren Rhythmus von Stoffwechselprozessen in den Mikrogeweben der Eingeweide. Rhythmik ist auch ein Kennzeichen der zellulären Basis des Atemprozesses. Im Blutstrom gibt es meßbare, periodische Ablagerungen von Sauerstoffmolekülen, angepaßt an die gleichzeitige Aufnahme von Kohlendioxid, wenn der Blutstrom jede Zelle durchströmt und sie mit frischem Sauerstoff für den Oxidationsprozeß versorgt, durch den alle Körperfunktionen ihren Brennstoff erhalten. Das unaufhörliche Schlagen des Herzens, die wiederholte Entleerung der Gallenblase und auch das Fortpflanzungssystem sind weitere der zahllosen Beispiele physiologischer Rhythmik. Das charakteristische, differenzierte Timing ist im ganzen menschlichen Körper zu finden und begleitet unseren Lebensalltag.

Diese alles durchdringende rhythmische Urbewegung bildet die Grundlage für die zeitweilige Balance, die der Therapeutic-Touch-Therapeut erreichen will, um so durch die Projektion von Heilenergien den Heilungsprozeß zu unterstützen. Diese Rhythmik spiegelt sich auch im Therapeutic-Touch-Prozeß selbst wider. Wenn zwei Therapeutic-Touch-Therapeuten einen Klienten gleichzeitig behandeln, können sie zwar den Zustand des Klienten getrennt und in ihrem eigenen Tempo einschätzen, doch um wirkliche Heilfortschritte zu erzielen, müssen sie koordiniert zusammenarbeiten. Wenn sie nicht synchron arbeiten, kann es sogar zu eher negativen Auswirkungen kommen. Für den Betrachter von außen gleicht ein solches rhythmisches Zusammenspiel einem eleganten Tanz im feinen Lebensenergie-Geflecht des Klienten. Der Klient reagiert auf diesen mitfühlenden und anmutigen Heilakt und wird in den Tanz mit eingeschlossen.

Der Strom der Lebensenergien

In Kapitel 4 wurde bereits über die menschlichen Energien gesprochen, die aus den Chakren fließen und ihrem Einfluß unterliegen. Diese Kräfte werden im Lebensenergiefeld des einzelnen in den Nadis kanalisiert. Die Anzahl der Nadis im menschlichen Körper wird mit 72.000 angegeben; sie sind Mini-Leitungen bzw. Energiepfade für den Transport von Prana. Man kann sie mit dem Fasernetz vergleichen, durch das die Blätter eines Baumes mit Nährstoffen versorgt werden. Das Prana, das durch die Nadis fließt, wird auch als Fördermittel für *citta* angesehen, den Aspekt unserer Wahrnehmungen, durch den wir über Sinneseindrücke mit der Umwelt in Kontakt stehen.

Grob ausgedrückt könnte man sagen, daß die essentiellen Prana-Elemente durch das Milzchakra fließen, wo fünf der sieben Subsysteme in eine assimilierbare Form umgewandelt werden und in unterschiedlichen Kombinationen über die Nadis verteilt werden. Diese Einheiten laden die Organe und Gewebe mit Energie auf und fließen dann im Lebensenergiefeld in dem Bereich zwischen den Schulterblättern, wo auch der Armplexus sich vereinigt, zusammen. Dann fließen sie die nicht-physischen, energetischen Entsprechungen der Arme hinunter zum sog. »Knoten« (*granthis*) an den Handgelenken. Dort werden die Prana-Einheiten in die ursprünglichen fünf Subsysteme zerlegt, und das Prana fließt jeweils durch einen der fünf Finger nach außen.

Die Prana-Subsysteme

Zwar überlappen sich die Funktionen der fünf Subsysteme, doch gibt es eine exakte Beschreibung der einzelnen dynamischen und vitalisierenden Aufgaben (vgl. Abb. 6, S. 86).

Das erste Subsystem von Prana heißt ebenfalls *Prana* und hat seinen Sitz im Herzbereich, dem sog. »Wohnsitz der Mutter«. Dieser feinstoffliche Energiekomplex ist die Basis des Lebensprozesses; er zwingt uns beispielsweise einzuatmen. Die westliche Medizin erklärt, daß die automatische Einatmung durch Druckabfall in der Lunge nach der Ausatmung erfolgt. Doch was ist Druck anderes als »eine stetige Kraftausübung auf einen bestimmten Bereich«? In diesem Zusammenhang haben die Grundlagen dieser stetigen Kraft einen Namen – Prana – und ein paar zusätzliche Eigenschaften.

Das zweite Subsystem heißt *Udana*. Es wird dem Halsbereich zugeordnet und ist damit für die nach oben gerichtete Bewegung der Ausatmung verantwortlich. Wenn der Geist mit eingesetzt wird, wird Udana zu Sprache und Klangkraft, dem »Mantra« (aus der Sanskrit-Wurzel *man*, denken). Das dritte Subsystem, *Apana*, sitzt im Unterbauchbereich, wo auch das Mulhadhara Chakra lokalisiert ist. Avalon nennt es den nach unten gerichteten »Atem«, der gegen Prana zieht und nach unten drückt. Dadurch wird der Sekretfluß angeregt. Apana ist auch für die Ausscheidungsfunktionen verantwortlich.

Samana, das vierte Subsystem, befindet sich am Nabel im Bereich des Solarplexus-Chakras. Es ist »das Feuer, das alles ausgleicht«; das bezieht sich wohl auf den Oxidationsprozeß, der den Stoffwechsel aufrechterhält. Samana »entzündet das Körperfeuer« und reguliert die Assimilation, die Verdauung und die Atmung. *Vyana*, das fünfte Subsystem, durchdringt den ganzen Körper und

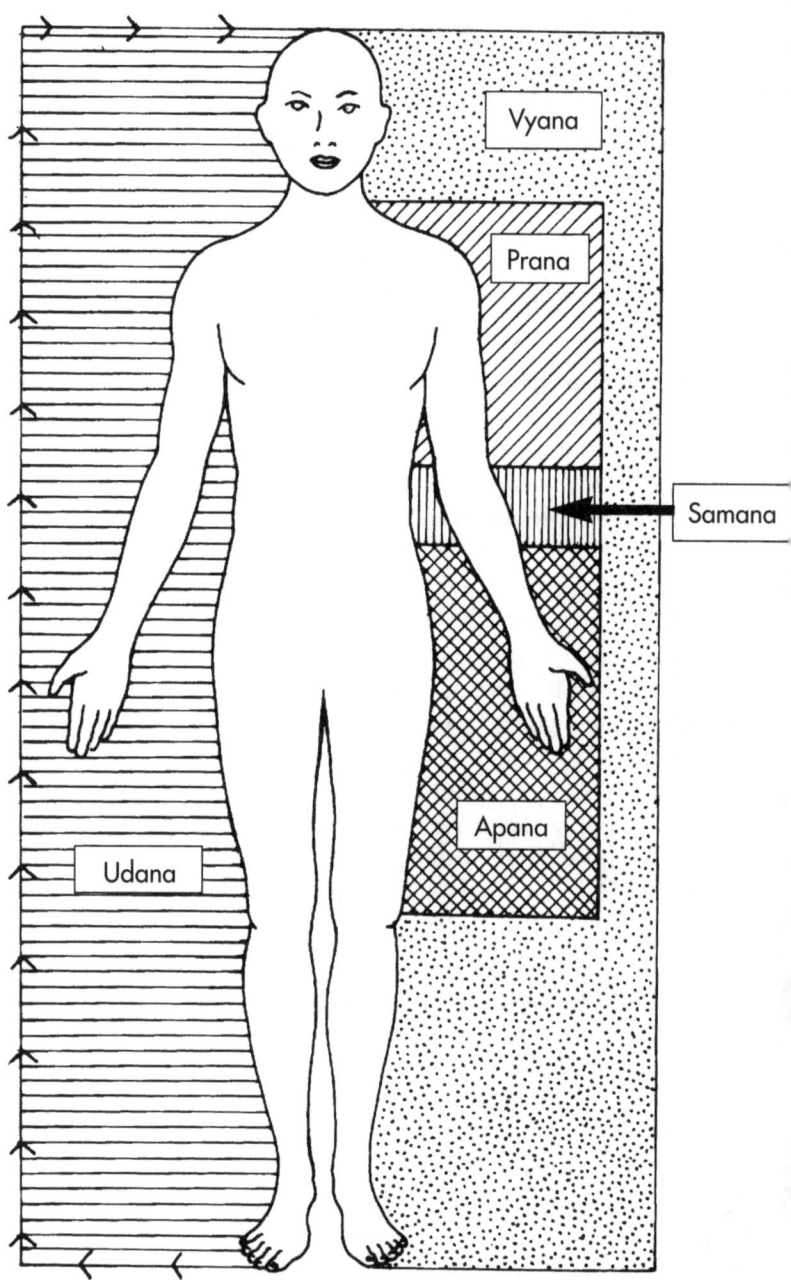

Abb. 6: Prana-Subsysteme

bietet den Zersetzungskräften Widerstand. Durch seine Kohäsions-kraft auf der molekularen Ebene werden der Körper und seine Teile zusammengehalten. Man geht davon aus, daß es auch für die Muskelbewegung zuständig ist, sowie für die Bewegung im Mus-kelgewebe. Außerdem hat es mit der Blutzirkulation und be-stimmten Stoffwechselvorgängen zu tun. Weitere, unbedeutendere Aspekte bzw. Minisysteme, korrelieren mit tiefsitzenden Reflexen wie Gähnen, Schluckauf und dem Öffnen und Schließen der Augen (Avalon, S. 78).

Mit seinen Subsystemen durchdringt Prana alle Lebensaktivitä-ten. Es belebt und erfüllt alle Lebewesen mit Vitalität, Lebenskraft und Begeisterung, all das, was Lebendigkeit und Wohlbefinden ausmacht. Geschichte und überlieferte Traditionen belegen, daß der Mensch, der – wie auch die neuere Wissenschaft bestätigt – als einziges Wesen willentlich lebenswichtige Funktionen wie die At-mung kontrollieren kann, auch in der Lage ist, seine zugrundelie-gende Dynamik – Prana – auf andere Menschen zu übertragen. Eine Technik dafür ist die kontrollierte Atmung. Auch mit dem Blick, bestimmten Handbewegungen und Intentionalität kann dies geschehen. Die beiden letzteren Techniken werden auch beim Therapeutic Touch eingesetzt. Ich möchte erforschen, inwiefern auch das Atmen zu den Hilfsmitteln der Therapeutic-Touch-Inter-aktion gezählt werden kann.

Die Prana-Subsysteme
beim Therapeutic Touch

Grundsätzlich versucht der Therapeutic-Touch-Therapeut, das Le-bensenergiefeld des Klienten neu zu gestalten, auszugleichen und zu verbinden, so daß es wieder ein integriertes Ganzes ist. Wie das genau vor sich geht, ist vielen ein großes Rätsel – genau wie die in-neren Prozesse anderer Heilansätze. Für den Therapeutic-Touch-Therapeuten ist allerdings ganz klar, daß die Kraft der Bewußtseins-zentrierung als innerer Akt unzweifelhaft die Kraftquelle des The-rapeutic Touch ist.

Für einen Beobachter oder auch einen Anfänger sieht das ganz einfach aus; doch der wirklich ausgereifte Akt der Bewußtseinszentrierung ist ein sehr komplexer Vorgang bewußter Erforschung des Inneren Selbst. Mit der Zeit zeigt der Zentrierungsakt sehr tiefgreifende psycho-physiologische Auswirkungen. Die Charakteristiken des Zentrierens sind folgende:

- Ruhigerwerden des Psychomotors und ein Gefühl innerer Ausgeglichenheit,
- der »Affengeist« kommt zur Ruhe,
- Gefühl der Zeitlosigkeit,
- geringere Fixierung auf das Ego
- sehr viel mehr Synchronizität im Alltag,
- veränderte Weltsicht,
- entsprechende Änderung des Lebensstils,
- klares Erkennen von Mitgefühl als Kraft,
- tiefere Wertschätzung bewußter Achtsamkeit,
- besseres Verständnis von intuitiver Einsichten,
- Zugang zu fundierter Erforschung,
- wortloses Verständnis müheloser Anstrengung.

Während der ganzen Therapeutic-Touch-Interaktion bleibt der Therapeut zentriert, auch wenn er zu anderen Phasen des Prozesses übergeht. Um zu verstehen, was mit dem Klienten los ist, macht der Therapeut eine Therapeutic-Touch-Einschätzung vom Energiefeld des Klienten. Der Zustand des Lebensenergiefeldes zeigt sich vor allem in der Entweder-oder-Wahrnehmung der Handchakren: Sind sie ausgeglichen oder unausgewogen? Es ist wie bei einer Schwangerschaft. Es gibt anscheinend kein Zwischenstadium, wenngleich es darüber hinaus noch verschiedene zusätzliche Hinweise auf die Qualität des Feldes gibt. Das heißt also, daß sich normalerweise das Feld des Klienten entweder als freifließend oder als »verstopft« und träge präsentiert; entweder es fließt rhythmisch, oder es gibt ein arhythmisches Pulsieren. Die Feldstruktur zeigt entweder eine Art Muster, oder die darin enthaltene Anordnung ist eher zufällig und »zerzaust«; insgesamt nimmt man also entweder ein dynamisches Gleichgewicht und Ordnung wahr, oder es entsteht ein Gefühl von Ungleichmäßigkeit, Unausgewogenheit und Instabilität.

Die Verläßlichkeit der Zeichen
aus dem Lebensenergiefeld

Seit 15000 Jahren wird therapeutisch mit den Händen gearbeitet, und die Beschreibungen von Heilern über die Krankheitsanzeichen, die sie im Energiefeld des Klienten spüren, sind ungewöhnlich einheitlich. Solche Hinweise und Anzeichen werden subjektiv erfaßt; dennoch können sie in der Therapeutic-Touch-Therapie als Grundlage für eine breitere Kategorisierung in fünf allgemeine Gruppen dienen. Außerdem beziehen sich die Anzeichen innerhalb einer Gruppe offensichtlich auf eine gemeinsame Erfahrungs-

Abb. 7: Der Therapeutic-Touch-Therapeut und sein Patient

bzw. Bewußtseinsebene, so daß die Zeichen in folgende Kategorien zusammengefaßt werden können:

1. Am häufigsten spürt man Anzeichen für Temperaturunterschiede, also Hitze- oder Kälteempfindungen bzw. die sogenannte »leere« Kälte, die aus einem Vakuum zu kommen scheint. Auf dieser Bewußtseinsebene nimmt man meist deutliche Temperaturunterschiede in klar abgegrenzten Bereichen im Lebensenergiefeld des Klienten wahr.

2. Eine weitere häufige Beschreibung ist die Wahrnehmung eines magnetischen Ziehens, durch das die Hand des Heilers zu einem bestimmten Bereich im Lebensenergiefeld des Klienten gebracht wird. Diese Bewegung unterliegt anscheinend nicht der willentlichen Kontrolle des Therapeuten; die Hand wird vielmehr automatisch von einem bestimmten Bereich angezogen, in welchem dann ein Ungleichgewicht im Verhältnis zu dem restlichen Feld festgestellt wird. Dabei bewertet der Heiler innerlich die Empfindungen der Handchakren und eventuell auch noch andere, zur Zeit unbekannte Faktoren. Auch Empfindungen wie »Verstopfung« oder »Fülle« kommen auf dieser Bewußtseinsebene vor.

3. Auf der dritten Bewußtseinsebene geht es um Metaphern wie »Kribbeln«, »kleine elektrische Schocks«, »platzende kleine Blasen«, »Nadelspitzen« und ähnliches. Diese Zeichen haben wahrscheinlich mit dem persönlichen Ausdruck des Heilers zu tun, reagieren aber alle auf eine allgemeine Rebalancing-Methode, nämlich das Dämpfen des Anzeichens durch die Entspannungsreaktion bzw. ein sanftes Glätten des Lebensenergiefeldes.

4. Rhythmisches Pulsieren im Energiefeld wird nicht ganz so oft wahrgenommen. Subjektiv gesehen haben Arhythmien eine entfernte Beziehung zu den Chakren des Klienten und können auch mit der Krankheit zu tun haben.

5. Auf der fünften Bewußtseinsebene erfährt der Heiler tiefe intuitive Einsichten in den Zustand des Klienten. Solche Zeichen treten am seltensten auf, sind aber äußerst verläßlich. Dabei befindet man sich klar erkennbar nicht im Alltagsbewußtsein, sondern in einem anderen Bewußtseinszustand.

Die Zuordnung dieser Erfahrungen zu bestimmten Ebenen ist will-
kürlich. Anfangs fand ich solche Beschreibungen einfach nur interessant. Ich sammelte die Daten von Therapeutic-Touch-Therapeuten und ordnete sie nach groben Merkmalen in Kategorien ein.
Diese vorläufigen Gruppen wurden dann auf zugrundeliegende,
einfache Variablen hin untersucht, zum Beispiel auf Zeichen, die
auch weniger erfahrene Therapeuten leicht wahrnehmen können
(beispielsweise Temperaturunterschiede oder das magnetische
Ziehen). Bei anderen Zeichen wurde eine ähnliche Bedeutung festgestellt, zum Beispiel Kribbeln oder Blasen; dann gab es noch solche, die nur mit viel Erfahrung gedeutet werden können, wie etwa
rhythmische Abweichungen. Und schließlich waren da noch die
weniger häufig wahrgenommenen Hinweise, die eine gewisse Sensibilität auf seiten des Therapeuten voraussetzen, die auf persönlicher Praxis beruht; dies sind zum Beispiel die intuitiven Einsichten in die Probleme des Klienten. Mit wachsender Erfahrung kann
fast jeder Therapeutic-Touch-Therapeut auf mehr als einer Ebene
arbeiten; z.B. könnte er Temperaturunterschiede in einem Teil des
Lebensenergiefeldes wahrnehmen und ein »Kribbeln« in einem
anderen Bereich. Es gibt auch Therapeuten, die mehr als zwei
Ebenen einbeziehen, und ganz selten arbeitet ein Therapeut auf allen fünf Ebenen. In Fällen, wo mehr als eine Ebene eingesetzt wird,
dominieren anscheinend beim einzelnen Einschätzungsprozeß ein
oder zwei.

Zeichen als Kommunikation

Wie bereits festgestellt, sind die Namen, mit denen der Therapeutic-Touch-Therapeut ein Zeichen »bezeichnet« – beispielsweise
Temperaturunterschied –, als Metapher und nicht unbedingt wört-
lich zu nehmen. Dennoch können sie auch für einen anderen Therapeutic-Touch-Therapeuten eine bestimmte Bedeutung haben.
Es gibt auf dieser Ebene andere Kommunikationsmittel über
nicht-physische Abläufe, und diese Kommunikation hat eine persönliche Gültigkeit, die genauso subtil ist wie die dazugehörigen
Lebensenergie-Strukturen. Zur Zeit wird Therapeutic Touch welt-

weit in 75 Ländern praktiziert; allem Anschein nach ist diese Methode also ein kulturübergreifendes natürliches Potential des Menschen, das unter entsprechenden Umständen umgesetzt werden kann. Die Vermutung liegt nahe, daß auch die für Therapeutic Touch so wichtige Sensibilität ein natürliches Potential ist und die Therapeutic-Touch-Einschätzung deshalb als subjektive Wirklichkeit fast allen Menschen zugänglich ist.

Grundlagen für Hypothesen

Die folgenden Punkte beschreiben im wesentlichen, wie das Lebensenergiefeld im Therapeutic-Touch-Prozeß eingesetzt wird:

• Es ist bekannt, wie sich der Fluß der Lebensenergien anfühlt.
• Die Energien scheinen sich in Mustern zusammenzufinden.
• Diese Muster können vom Therapeuten als Zeichen bzw. Hinweise auf ein ausgewogenes bzw. unausgewogenes Lebensenergiefeld des Klienten erspürt werden.
• Die Lebensenergien sind auf mehreren Ebenen organisiert.
• Erfahrene Therapeutic-Touch-Therapeuten können Informationen über diese Lebensenergien ziemlich zuverlässig untereinander kommunizieren.

Der sachkundige Therapeutic-Touch-Therapeut kann diese Anzeichen modulieren, verändern und transformieren, zum Beispiel ein Gefühl der Verstopfung umwandeln in ein Gefühl des freien Fließens. In vielen Fällen kann dadurch beim Klienten der Fluß der Lebensenergie rebalanciert, Symptome gemildert und so das Wohlbefinden des Klienten spürbar gebessert werden.

Lama A. Govinda, ein bekannter Vertreter des tibetischen Buddhismus, schreibt, daß die Handchakren – im Therapeutic Touch das wichtigste Werkzeug des Therapeuten – »wichtige Zentren psychischer Energie sind ... sie kommen gleich nach den Hauptzentren des psychischen Herzens, des Nabels und der Fortpflanzungsorgane« (Govinda, S. 55). Handbewegungen drücken ebenfalls eine bestimmte Einstellung aus und können so »spontaner Ausdruck unseres tieferen Bewußtseins« sein. Wenn also – so

Govinda – jemand therapeutisch mit den Händen arbeitet, sind die daraus resultierenden Gesten oft ein Symbol innerer Erfahrungen bzw. spiritueller Haltungen, die auf einer tieferen Bewußtseinsebene stattfinden, Verhaltensweisen, die im Alltag vielleicht überhaupt nicht bewußt sind. Solche Gesten werden *Mudras* (Sanskrit) genannt. Mudras können die Universalkraft, Prana, im Lebensenergiefeld eines Menschen leiten, wenn nicht sogar kontrollieren. Es liegt nahe, daß auch in der Therapeutic-Touch-Behandlung dieses Phänomen abläuft, vor allem, wenn mit Intentionalität, Wissen und Mitgefühl gearbeitet wird.

Im Kontext moderner Physiologie ist bekannt, daß der Mensch das einzige Lebewesen auf der Erde ist, das bestimmte lebenswichtige Funktionen willentlich kontrollieren kann. Hinzu kommt das Wissen Govindas, daß diese lebenswichtigen Funktionen ganz wesentlich auf dem Prana-Fluß beruhen (aus den fünf Subsystemen der Universalkraft Prana), sowie die Tatsache, daß der Mensch in der Lage ist, Prana auf eine andere Person zu übertragen. Was gibt es sonst noch hinzuzufügen, um den Heilungsprozeß im Therapeutic Touch zu verdeutlichen und zu erklären?

Wir können anerkennen, daß bei der Therapeutic-Touch-Behandlung das Zentrieren im tieferen Bewußtsein und das Verharren in diesem Bewußtseinszustand die Kraftquelle ist. Bewußtes Durchführen des Prozesses läßt den Therapeutic-Touch-Therapeuten erkennen, daß er während der Phase der Einschätzung eine direkte Erfahrung mit dem Lebensenergiefeld des Klienten macht. Über die Handchakren wird der Zustand des Feldes erkannt und vom Therapeuten in subjektiven Anzeichen interpretiert. Man kann diese Hinweise je nach Erfahrung und Praxis oder auch Sensibilität des Therapeuten in bestimmten Gruppen zusammenfassen. Man kann außerdem die Handstellung (und die Körperposition in bezug auf die Hände) beim Rebalancing bzw. Heilprozeß als Mudra betrachten, die ein Symbol für die inneren Erfahrungen und spirituellen Haltungen darstellt, welche spontan im Tiefenbewußtsein des Therapeutic-Touch-Therapeuten stattfindet. Desweiteren ist bekannt, daß das Rebalancing durch eine willentliche Intentionalität geschieht. Intentionalität impliziert, daß der Heilakt nicht nur vom Willen des Therapeuten geleitet wird, der die Befindlichkeit seines Klienten verbessern will, sondern auch vom Ziel des

Therapeuten, nämlich der Genesung des Klienten. Dieses Ziel basiert auf dem persönlichen Wissen über den Zustand des Klienten aus der Therapeutic-Touch-Einschätzung.

Heilen als Meta-Bedürfnis

Diese dynamischen Prozesse entspringen dem anfänglichen Ausdruck von Mitgefühl für die Leiden des Patienten. Mitgefühl bzw. mitfühlende Liebe ist ein aufrichtiger, tiefer Wunsch zu helfen bzw. zu heilen, eine intensive, selbstlose Fürsorge um einen kranken Menschen, der Schmerzen hat oder leidet. Die erstaunliche Kraft dieses Mitgefühls kann mit Ehrfurcht erfüllen. Danach sind Menschen oft sehr erstaunt, welche physische Kraft sie aufbringen konnten, um bestimmten Anforderungen gerecht zu werden, bzw. wie tief die inneren spirituellen Werte sind, auf die sie sich dabei stützten. Solches Mitgefühl kommt von einem Bedürfnis zu helfen bzw. zu heilen, das – so kommt es mir vor – ein Bedürfnis der zweiten Ordnung bzw. ein Meta-Bedürfnis ist; dieses Konzept stammt von dem Physiologen Abraham Maslow. Er entwickelte eine Theorie der menschlichen Bedürfnisse und kam bei seiner Arbeit auch zu der Überzeugung, daß Meta-Bedürfnisse für das psychische Wohlbefinden eine entscheidende Rolle spielen. Er schloß daraus, daß »... die Seele mit Sicherheit sterben wird«, wenn diese Meta-Bedürfnisse nicht zum Ausdruck gebracht werden. Vor dem konzeptuellen Rahmen vom »Meta-Bedürfnis zu heilen« zeigt die Geschichte, daß die moralische Natur von halbherzigen »Heilern«, die diesem mitfühlenden Impuls nicht folgen können oder wollen, vergeht und immer schlechter wird.

Genau das Gegenteil ist bei Heilern der Fall, die diesem hochkommenden Bedürfnis zu heilen oder zu helfen nachgehen: Die Kräfte dieses Aktes aus Mitgefühl werden zu Verbündeten, sowohl in der Situation, die das Mitgefühl hervorruft, als auch beim Stärken der feingesponnenen Bindungen zu ihrem Inneren Selbst. Therapeuten machen immer wieder die Erfahrung, daß spontanes, unwiderstehliches Mitgefühl oft in Bewußtseinszustände führt bzw. solche erahnen läßt, wie sie auch von Mystikern früherer Zeiten be-

schrieben wurden. Der Zentrierungsakt eines erfahrenen Therapeutic-Touch-Therapeuten zeigt sich unter anderem in einem besseren Verständnis von Mitgefühl als Kraft, und die daraus entste-
henden Zustände ähneln den hehren Zielen der Mystiker und
Philosophen aller Zeiten.

Die Hypothese des heilenden
stillen Mantra

Nun kommen wir zu den hypothetischen Annahmen, die als
Grundlage für weiterführende, eher formelle ·Untersuchungen
über die Therapeutic-Touch-Interaktion dienen könnten. Um dem
Schema folgen zu können, wird empfohlen, mit einer Kopie der
»Deep Dee«-Aufzeichnungen Ihres persönlichen Therapeutic-
Touch-Prozesses (vgl. Seite 147) zu arbeiten. Damit können Sie
Ihre Erinnerungen auffrischen und feststellen, ob die nun folgenden Vorschläge zur Entwicklung einer Arbeitshypothese über
die Arbeit mit den feinstofflichen Energien des Menschen im Therapeutic-Touch-Prozeß auch Ihren Erfahrungen entsprechen. Sie
können auch Ihren eigenen Kommentar anfügen. Bei der genaue-
ren Untersuchung dieser dynamischen Abläufe werden die einzelnen Details in einer Reihe von Phasen behandelt. Damit werden diese Vorgänge verlangsamt. Von Natur aus laufen mehrere
dieser Faktoren eigentlich gleichzeitig ab, doch im Therapeutic-
Touch-Prozeß verhält sich auch die Zeit nicht so, wie wir das
gewöhnt sind.

Am Anfang steht das aufkommende Mitgefühl des Therapeutic-
Touch-Therapeuten. Diese machtvolle, menschliche Ausdrucks-
form erhöht die Sensibilität gegenüber dem Patienten. Der Therapeut zentriert sich in seinem Tiefenbewußtsein und beginnt mit der
Therapeutic-Touch-Einschätzung, in deren Verlauf er noch sensibler auf die Anzeichen reagiert, die den Fluß der Lebensenergie des
Patienten charakterisieren. Der Therapeut ist zu diesem Zeitpunkt
ein »Zuhörer«, der ruhig, aber ganz aufmerksam das Energiefeld
beobachtet und sensibel alle Nuancen wahrnimmt, die den Patienten als Ganzes beschreiben.

Während mit den Handchakren diese Zeichen erfaßt werden, entsteht oft ein innerer Dialog: Der Therapeut stellt sich Fragen über die Hinweise, erkennt Zusammenhänge zwischen verschiedenen Faktoren oder fragt sich, was noch wichtig sein könnte. Die Einschätzung wird abgeschlossen, und der Therapeut, der noch immer im Zustand der Zentrierung verharrt, entscheidet, wie und mit welchen Techniken er das Lebensenergiefeld rebalancieren will. Er schätzt nach einiger Zeit das Feld noch einmal ein, um so sicherzustellen, daß die Lebensenergie wieder fließt und das Feld tatsächlich ausgewogen ist.

Nun soll der Aspekt des Mitgefühls noch einmal aus einer anderen Perspektive betrachtet werden. Mitgefühl ist prinzipiell ja nichts anderes als ein starkes Gefühl der Fürsorge um das Wohlergehen des anderen. Die mitfühlende Person ist ganz präsent, um mit der Kraft ihres Mitgefühls dem Klienten wirklich helfen zu können. Mitgefühl ist ein positiver Akt, verbunden mit einer unerschütterlichen Gewißheit, daß der Therapeut sich um die Bedürfnisse des Klienten kümmern muß. Dieses sichere Wissen und der starke Wunsch zu helfen sind die integrierende Grundlage für die Aktionen des Therapeutic-Touch-Therapeuten.

Beim Zentrieren kommen die psychomotorischen Aktivitäten zur Ruhe, und der Therapeut spürt eine sich ausbreitende innere Ausgeglichenheit, die bei der Therapeutic-Touch-Einschätzung eine Art Resonanzboden bildet, gegen den die Imbalancen im Lebensenergiefeld des Klienten stark kontrastieren. Das Zentrieren koordiniert außerdem verschiedene Facetten im Tiefenbewußtsein des Therapeuten, auf die der Therapeut zurückgreifen kann und noch nicht erkanntes Heilpotential bewußt wird.

In der Therapeutic-Touch-Einschätzung kann das Lebensenergiefeld des Klienten direkt erfahren und so persönliches Wissen darüber erworben werden. Die Qualität dieser Beziehung wird mit der Zeit immer tiefer. Die erhöhte Bewußtheit durch die Zentrierungserfahrung dient sozusagen als Überwachungsschirm für die Unterscheidung und Charakterisierung der Zeichen aus dem Energiefeld des Patienten. Diese »chiffrierte« Information ist die Grundlage für das Wahrnehmen von Verbindungen zwischen den Zeichen und anderen Faktoren über die Befindlichkeit des Klienten und den Ideen und Vermutungen des Therapeuten. Aus diesem

Kompendium von Wahrnehmungen macht der Therapeut einen Plan zum Rebalancieren des Energiefeldes.

Die Rebalancing-Phase ist charakterisiert durch eine gezielte Konzentration und sensibles Visualisieren des Therapeuten, während er versucht, den Hinweisen aus seinem zentrierten Tiefenbewußtsein zu folgen. Dabei kann sich auch die Handstellung verändern und neue Gesten hervorbringen. In einem kaum wahrnehmbaren und doch entscheidenden Moment wird erkennbar, daß das Gleichgewicht im Energiefeld wieder hergestellt ist. Beim erneuten Einschätzen wird eigentlich noch einmal bekanntes Territorium erforscht: Ist das Anzeichen und damit die Imbalance noch vorhanden oder nicht? Hat das Rebalancing die gewünschte Veränderung bewirkt? Ist die Lebensenergie des Klienten wieder im Fluß? Auch andere Aspekte der Interaktion, deren Bedeutung jetzt vielleicht klarer ist, werden untersucht.

Eine weitere Dimension, die hinter all diesen integrierten körperlichen und geistigen Aktivitäten, Emotionen und Ambitionen liegt, ist der Atem, einer der wichtigsten physiologischen Vorgänge. Der Atem ist natürlich bei den oben beschriebenen Faktoren beteiligt; doch gerade weil er so allgegenwärtig ist, wird seine mögliche Bedeutung für wesentliche Vorgänge im Therapeutic-Touch-Prozeß leicht übersehen. Die Position des Körpers und der Gliedmaßen, das momentane emotionale Engagement, die mentale Kontrolle im Zuge der Intentionalität, die archetypischen Verhaltensweisen im Zusammenhang mit dem aufwallenden Mitgefühl – all dies beeinflußt den immanenten Rhythmus, die Tiefe und den Stoffwechsel des Atmungsaktes.

Einfach ausgedrückt setzt der Therapeutic-Touch-Therapeut den Atem in den verschiedenen Phasen auf unterschiedliche Weise ein und verstärkt damit den Ausdruck seines therapeutischen Engagements: Beim Zentrieren verändert sich die Atmung; ein kurzes Anhalten und dann regelmäßiges, kaum wahrnehmbares Atmen, wenn er sich auf die eingehenden Daten konzentriert; und gleichzeitiger Einsatz des Atems, um die Kräfte zu sammeln, zu leiten und zu modulieren, um das Energiefeld des Klienten zu rebalancieren. Auch die Intentionalität des Therapeuten wirkt sich, sozusagen subvokal, auf den Atem aus. Durch die verschiedenen Atemmuster während der Therapeutic-Touch-Phasen wird mit der eingeatmeten Luft auf die weichen Gewebe in der Mundhöhle und in der Speiseröhre sowie das damit verbundene Geflecht von Nerven und Blutgefäßen ein variabler Druck ausgeübt; das beeinflußt auch den Fluß der Prana-Subsysteme und führt zu einem Synergieeffekt bei den Mudra-ähnlichen Gesten, die den Therapeutic-Touch-Prozeß begleiten. Man sagt, daß Atem und Geist sich gegenseitig beeinflussen. Govindas Aussage über den Atem als das »stille Mantra« könnte zu dem Schluß führen, daß es eine Analogie zwischen der Wirkung des Atems im Therapeutic-Touch-Prozeß und während des Rezitierens eines Mantras gibt. Das Mantra-Konzept beruht u.a. auf der Vorstellung, daß es einen unwiderstehlichen Drang gibt, einem mentalen Bild Ausdruck zu verleihen; ein Mantra ist also ein Werkzeug zum Schaffen eines mentalen Bildes und damit zum Realisieren der Intentionalität des Mantras. Könnte es sein, daß auch das klare Visualisieren der nichtphysischen Interaktion, das beim Therapeutic-Touch-Prozeß so wichtig ist, auf ähnliche Weise durch das Atemmuster (in Verbindung mit dem Geist) entsteht? Wie bei einem Mantra werden die nach außen fließenden Energien unter dem Druck der Intentionalität und der damit verbundenen lebhaften Visualisierungen eingeschlossen bzw. umgeleitet; beides nutzt der Therapeut als verstärkende Kraft beim Leiten bzw. Modulieren der Lebensenergien. Durch den Akt der Innenschau wird also das stille Mantra (der Atem des Therapeuten) in eine unhörbare Vibration transformiert. Alten Texten über Mantra-Yoga zufolge hat diese innere Schwingung eine Resonanzwirkung auf die Prana-Subsysteme, die in diesem Fall als integriertes Ganzes zum Wohle des Klienten fungieren. Außerdem heißt es, daß dieser Heilungsakt nur dann voll zum Ausdruck kommt, wenn er zunächst im Herzen stattfindet. Es geht also wieder um Mitgefühl als Verbündeter des Heilers. Durch das Mitgefühl des Therapeutic-Touch-Therapeuten wird der Heilungsakt zu einer lebenssprühenden und lebensbejahenden Heilkraft. Vor diesem Hintergrund ist im Therapeutic Touch keinerlei Magie nötig, um die Heilung Wirklichkeit werden zu lassen.

Zusammenfassung

Ein Konzeptrahmen zur Erforschung der Therapeutic-Touch-Dynamik sieht Prana als die zugrundeliegende Energie, die allen Wesen Leben einhaucht. Im einzelnen Menschen ist Prana in fünf Subsystemen vertreten, die alle in rhythmischer Bewegung sind. Diese Lebensenergien fließen in Energiebahnen und verteilen und zirkulieren so verschiedene Kombinationen aus den Prana-Subsystemen mit jeweils charakteristischen Aufgaben.

Der Mensch kann als einziges Lebewesen auf der Erde bestimmte lebenswichtige Funktionen kontrollieren, z.b. die Atmung. Er kann außerdem willentlich Prana auf eine andere Person übertragen. Therapeutic Touch ist eine Methode dafür. Therapeutic Touch bezieht seine Kraft aus der Bewußtseinszentrierung, die während der gesamten Therapeutic-Touch-Behandlung beibehalten wird. Im Therapeutic Touch erforscht der Therapeut bewußt bestimmte Aspekte seines Inneren Selbst. Der Akt des Zentrierens als Weltsicht und daraus resultierendem Lebensstil hat definierbare charakteristische Eigenschaften.

In der Therapeutic-Touch-Einschätzung erfährt der Therapeut bewußt und direkt das Lebensenergiefeld des Klienten. Es gibt eine einheitliche Beschreibung von einzelnen, subjektiven Einschätzungen, die ein gestörtes, nicht ausgewogenes Energiefeld beim Klienten anzeigen. Therapeuten können diese Informationen untereinander kommunizieren. Diese »Zeichen« können in Gruppen kategorisiert werden, je nach Erfahrungsgrad und Sensibilität des Therapeuten. So kann ein Heiler beispielsweise auf einer oder auch auf mehreren Ebenen die Zeichen wahrnehmen. Im Therapeutic Touch sind die Handchakren die wichtigsten Bewußtseinszentren. Mit Intentionalität ausgeführte Handgesten können als Mudras fungieren und stehen so für innere Erfahrungen und spirituelle Haltungen. Mudras können Prana führen und kontrollieren. Diese dynamischen Prozesse werden durch den am Anfang stehenden Ausdruck des Mitgefühls mit dem leidenden Patienten in Gang gesetzt; sie unterstützen den Heiler bei seinen helfenden und heilenden Aktivitäten.

Während der Therapeutic-Touch-Interaktion führt der Therapeut oft eine Art inneren Dialog, in dem er die Befindlichkeit seines Patienten bewertet. Er wählt Strategien aus und läßt Wahrnehmungen aus seinem Tiefenbewußtsein nach oben steigen, um sie in seine Bewertungen zu integrieren. Das dann folgende Rebalancing des Energiefeldes besteht u.a. aus neuen Handstellungen, die der Therapeut im Alltag nicht verwendet. Diese Gesten, die rhythmisch und ruhig nacheinander in der Therapeutic-Touch-Behandlung gemacht werden, können als Mudras angesehen werden.

Diese Mudra-ähnlichen Gesten, die der Therapeut mit Intentionalität ausführt, werden durch bestimmte Atemmuster verstärkt, mit denen der Therapeut seine Konzentration fokussiert und den Prana-Fluß leitet und moduliert. Andere Atemmuster sind ein Ausdruck der Intentionalität und der Haltung des Therapeuten.

Der Atem ist eine Art »stilles Mantra«. Zusammen mit dem Mitgefühl und der Intentionalität des Therapeuten dienen die Atemmuster, verstärkt durch die Mudra-ähnlichen Gesten, dazu, den Fluß der aktiven Prana-Subsysteme zu kanalisieren, zu leiten und so zu verändern, daß Hilfe und Heilung möglich sind.

Und noch etwas

Wie gesagt, sind das alles Überlegungen und Spekulationen, bestenfalls ein Konzept mit all seinen Beschränkungen und Grenzen. Dennoch beruhen sie auf echter persönlicher Erfahrung mit nichtphysischen Prozessen.

Diese Überlegungen müssen objektive Bestätigung erfahren, um in der Öffentlichkeit akzeptiert zu werden. Dazu muß eine neue Art des Forschens her. Doch wer wird den Ruf beantworten? Es ist offensichtlich, daß diese »Hi-Touch«-Forschung der modernen »Hi-Tech«-Forschung und ihren Methoden diametral entgegengesetzt ist, denn sie setzt eine andere Auffassung voraus. Doch die Belohnung für den Pionier auf diesem Gebiet, der diesen strengen Anforderungen gerecht wird, sind weitere Einsichten und Ahnungen aus den Tiefen der Grundfrage: *Warum möchte ich ein Heiler sein?*

Kapitel 6
Therapeutic Touch als andere Form von Intelligenz

Die gleichbleibende Realität

Wenn jemand sich intensiv mit den unterschiedlichen Heilmethoden auseinandersetzt, passiert oft etwas sehr Seltsames: Sobald klar wird, daß mit einer Methode, die sich von der Schulmedizin unterscheidet, tatsächlich geheilt werden kann, entsteht das Bedürfnis, selbst heilen zu lernen. Beharrlich und immer wieder wird deutlich, daß der Mensch die Fähigkeit besitzt zu heilen, und diese Wirklichkeit übt einen ungewöhnlichen, treibenden Einfluß aus. Man braucht nicht viel Phantasie, um zu erkennen, daß dieser seltsame Drang zu einem wohlbekannten physikalischen Grundsatz im Widerspruch seht, nämlich Heisenbergs Komplementaritätsprinzip, welches besagt, daß die Beobachtungen des Wissenschaftlers an sich bereits ausreichen, um das beobachtete Phänomen zu verändern. Seltsam ist, daß es beim Heilen umgekehrt ist: Der Forscher studiert das Phänomen des Heilens, und dadurch verändert sich etwas beim Forscher. Die immer tieferen Erfahrungen mit Helfen und Heilen gehen häufig mit einem veränderten Lebensstil einher.

Heilen als Lebensstil ist kein Weg der Wunder, sondern harte Arbeit. Die Überzeugung, daß das Heilen anderer Menschen ein natürliches Potential ist – und davon bin ich wirklich fest überzeugt –, ändert nichts an der Tatsache, daß dieses Potential nur in einem Umfeld umgesetzt werden kann, wo die Grundbedürfnisse von anderen im Mittelpunkt stehen. Um selbst heil und gesund zu bleiben, muß der Heiler neben seiner Fürsorge für andere auch mit seinen eigenen Bedürfnissen auf gute Art und Weise umgehen. Der Heiler läßt sich ganz auf das Heilen mit Mitgefühl ein, und dadurch gibt es auch mehr Klarheit in seiner eigenen Lebensweise. Doch erst wenn wir diese uns selbst auferlegte Verpflichtung wirklich umsetzen, wird uns richtig klar, wie viele Veränderungen mit dem Einlassen auf diese gleichbleibende Realität einhergehen.

Therapeutic Touch:
Eine lebendige Matrix innerer Arbeit

Therapeutic Touch ist eine moderne Interpretation mehrerer alter Heilpraktiken. Zu den Grundvoraussetzungen für die dafür nötigen therapeutischen Fähigkeiten gehören:

1. kontinuierliches Zentrieren des Bewußtseins des Heilers als Hintergrund für den eigentlichen Therapeutic-Touch-Prozeß,
2. einige Aspekte des Handauflegens,
3. therapeutischer Nutzen des Lebensenergiefeldes,
4. Visualisierung,
5. Erfahrung mit den eigenen Chakren,
6. Arbeit mit dem Atem als Ausdruck von Intentionalität,
7. Ausdruck von Mitgefühl als Kraft,
8. Kommunikation von Geist zu Geist, vor allem bei der Arbeit mit Sterbenden, Schwerkranken oder Menschen, die sich nicht mitteilen können, auch bei der Arbeit mit Kindern und psychotischen Personen.

Wie kommen die vielen dabei involvierten Prozesse zu einem zusammenhängenden Ganzen zusammen? Die Antwort lautet: ganz natürlich. Unsere westliche Kultur steht so unter dem Zwang zu kategorisieren, daß wir selbst dann, wenn wir Kontinuität erleben, noch immer in Bits und Bytes denken. Schauen wir uns den eigentlichen Therapeutic-Touch-Prozeß an: Ich behandle einen kranken Menschen mit Therapeutic Touch und beschreibe dabei meine innere Arbeit. Ich demonstriere, daß zumindest die obengenannten Techniken dabei zum Einsatz kommen, während ich und mein Patient uns um sein Wohlergehen bemühen. Ich werde die einzelnen Abläufe zwar nacheinander beschreiben, doch, wie bereits gesagt, laufen manche Aspekte meiner inneren Arbeit gleichzeitig ab. Und so beginnt nun die Therapeutic-Touch-Sitzung:

1. Ich bin zentriert und von einer tiefen inneren Ruhe erfüllt, in einem geschützten Raum.
2. Ich will dieser Person wirklich helfen, und das kann ich auch. Dazu muß ich ruhig und geschickt die vielen Facetten meines

Wesens fokussieren und in diesem vereinheitlichten Zustand bleiben. Mit einem einzigen Ziel setze ich diesen mühelos balancierten Drehpunkt für die prägnante Kraft während dieses Heilaktes ein.

3. Ich stimme mich auf meinen Wunsch zu helfen bzw. zu heilen ein und lasse diese ausdauernde treibende Kraft von mir zum Patienten strömen.

4. Ich nehme den rhythmischen Fluß des Prana wahr; mit Hilfe meines Atems setze ich meine Intentionalität ein, um bestimmte Ströme von Lebensenergie zu binden.

5. Bei der Arbeit visualisiere ich, wie die Lebensenergie geführt und moduliert wird, um so dem Patienten zu helfen.

6. Ich gewinne Zugang zu meinen eigenen Chakren und bin sensibel für ihre unterschiedlichen Bewußtseinskomponenten.

7. Diese Übertragung von Prana wird durch mein Mitgefühl mit dem Patienten verstärkt. Diese menschliche Fürsorge ist auch ein Medium für emotionale Unterstützung, Ermutigung und Beruhigung für den Klienten während unserer Kommunikation von Geist zu Geist.

8. Ich übermittle diese Gedanken mit ganz besonderer Intentionalität; der Klient erkennt dies, und oft sagt er mit Erleichterung so etwas wie:»Mich hat noch nie jemand so berührt.« Er öffnet sich meiner Heilarbeit.

Wie bereits gesagt, sind diese acht alten Heilpraktiken nur einige der Techniken, die im Therapeutic Touch zum Einsatz kommen. Doch zweifellos ist das Zentrieren des Bewußtseins der Akt, der dem Therapeutic Touch seine große Kraft verleiht. Dieser bewußte Zustand ist der Hintergrund und die Imprimatur des Therapeutic Touch, der einzigartige Beitrag des Therapeutic Touch an unsere Gesellschaft, die Quelle der inneren Arbeit, die uns offen macht für die höhere Ordnung des Selbst.

Diese Arbeit hat ihre Wirkung sowohl auf den Patienten als auch auf den Heiler bzw. Therapeuten. Deshalb ist es absolut unerläßlich, daß der Therapeut auch dafür sorgt, daß er diese Energien konstruktiv und zum Wohle des Patienten einsetzt und nicht einem der vier fürchterlichen »Drachen der Selbsttäuschung« in die Hände fällt, den Feinden des Therapeutic Touch: Phantasie, Übertreibung, Impulse und Wunschdenken. Sie würden die Energien beeinträchtigen, die auf den Patienten übertragen werden.

Die innere Arbeit des Therapeutic Touch und die damit einhergehende Erforschung der tieferen Schichten des Selbst kann zu hohem persönlichen Wissen führen. Der Therapeut verfolgt den Fluß des eigenen Bewußtseins in einem Akt der Selbsterforschung, der – eingebettet in das innere Gleichgewicht – nach innen führt und durch seine Überlegtheit zu einer Kraftquelle werden kann, die jede Phantasie übertrifft.

Doch dafür muß man alles in den Moment einbringen; und woher weiß der Therapeut, was zu diesem »alles« dazugehört? Es liegt in der Natur der Heilinteraktion, daß der Heiler Kraft, bestimmte Gefühlsnuancen, klare Emotionen sowie Gedanken und Wünsche auf den Klienten projiziert, und deshalb ist es so wichtig zu überlegen, was genau an persönlichem »Gepäck« vorhanden ist, was unabsichtlich dann mit auf den Patienten übertragen wird.

Die mächtigsten Emotionen entspringen wohl in erster Linie dem starken Bedürfnis zu heilen. Diese kohärenten Lebensenergiemuster haben bestimmte Funktionen, die wir als Muster bezeichnen, als Verhaltensmuster, zum Beispiel Gewohnheiten, emotionale Veranlagungen oder Stimmungen. Letzteres kennen wir alle aus eigener Erfahrung, doch es ist auch ein Zustand, der äußerst vage definiert ist. Leider wissen wir nicht viel über diese Stimmungsschwankungen. Neuere biowissenschaftliche Untersuchungen haben ergeben, daß dieses schlichte, allseits bekannte Gefühl eine zentrale Rolle bei der Stimulierung von essentiellen Neuropeptiden im Körper spielt, beispielsweise Endorphine und Enkephaline, die schmerzregulierend wirken und das Immunsystem stimulieren. Als ein Mensch, der sich dem Heilen anderer verschreibt, muß der Therapeutic-Touch-Therapeut sich deshalb dieser ganz alltäglichen Zustände sehr klar bewußt sein. Die im folgenden beschriebene Übung, »Erforschung des Selbst, Teil 10: Natürliche Prüfsteine für emotionale Zustände«, soll beim Erkennen dieses Gefühlszustandes helfen.

ERFORSCHUNG DES SELBST, TEIL 10
Natürliche Prüfsteine für emotionale Zustände

Auf der physischen Ebene können Stimmungen vielleicht am direktesten verstanden werden, denn dort gibt es mehrere natürliche Prüfsteine bzw. Kriterien, die unsere Wahrnehmung eines Gefühls zu einem bestimmten Zeitpunkt schärfen. Man kann für die folgende Übung entweder stehen oder sitzen; im Stehen ist man allerdings empfänglicher für Hinweise auf die eigene Stimmung.

Materialien: Notizbuch bzw. Schreibblock, Schreibstift

Die Übung

1. Zunächst wird das Bewußtsein zentriert.
2. Sie spüren den Zug der Schwerkraft an Armen und Beinen. Leisten Sie diesem Zug starken Widerstand? Macht dieser dauernde Druck Sie unruhig? Oder nehmen Sie die Schwerkraft und ihre Wirkung gar nicht wahr?
3. Nun nehmen Sie Ihr Gleichgewicht wahr. Fühlt es sich so an, als ob Ihr Oberkörper nach einer Seite gekippt ist? Lehnen Sie sich vor oder zurück? Ist Ihr Nacken verspannt? Oder der untere Rücken? Wie würden Sie Ihren körperlichen Zustand beschreiben?
4. Jetzt konzentrieren Sie sich auf den Atem, nehmen die Muster beim Ein- und Ausatmen wahr. Wo atmen Sie? Hauptsächlich oben im Brustbereich? Oder atmen Sie beim Einatmen hinunter in den Bauch? Halten Sie die Luft an oder werden Sie gut »durchgelüftet«? Können Sie Ihr Atemmuster mit einer Gefühlsstimmung assoziieren?
5. Richten Sie nun Ihre Aufmerksamkeit auf das Licht im Zimmer. Welchen Einfluß hat es auf Sie? Ist Ihre Augenpartie verspannt? Kurze, schnelle Augenbewegungen sind ganz natürlich; aber vielleicht sind diese ungewöhnlich und irritierend? Wie fühlen sich Ihre Augen an, wenn Sie sie für einen Augenblick schließen? Ist es entspannend, oder können Sie es kaum erwarten, sie wieder aufzumachen?
6. Nehmen Sie um sich herum Klänge wahr? Welche? Wie werden Sie davon beeinflußt?

7. Atmen Sie ein paarmal langsam tief ein. Was wollen Ihnen diese physischen Signale über Ihre Stimmung mitteilen? Schreiben Sie auf, was Ihre körperlichen Gefühle in Ihnen auslösen!

8. Gehen Sie zum Schluß noch einmal die Liste durch. Seien Sie offen für Gefühle und Gedanken, die dabei an die Oberfläche kommen; sie werden am Rand notiert.

9. Jetzt wird alles, auch die Randbemerkungen, noch einmal durchgelesen; dabei notieren Sie Ihre Stimmung oder Gefühlslage. Die entscheidende Frage lautet natürlich: Wollen Sie, daß dieses Lebensenergiemuster in Projektionen enthalten ist, die Sie während einer Therapeutic-Touch-Sitzung auf den Klienten richten? Diese Frage erfordert eine ehrliche Antwort; nur Sie selbst können Sie geben, und das ist wichtig.

Emotionen projizieren

In unserer westlichen Kultur sind sich nur wenige Menschen bewußt, daß unser Alltag im Hintergrund von einem Strudel von Gefühlen und Wünschen begleitet wird. Therapeutic-Touch-Therapeuten sollten beim Projizieren der eigenen Lebensenergie – vermeintlich zum Besten des anderen – immer daran denken, was sie tun bzw. was sie nicht tun. Einfach ausgedrückt bedeutet das: Wenn der Heiler durcheinander oder besorgt ist, strahlt er genau das auch aus. Um eine womöglich gleichgültige emotionale Haltung in einen bewußten, verantwortlichen Ausdruck zu verändern, sollte man sich noch einmal seine Reaktionen auf die Übung »Erforschung des Selbst, 10« anschauen. Vielleicht wäre diese Übung eine persönliche »Hausaufgabe« für manchen Therapeutic-Touch-Klienten. Sie ist einfach, unterstützt Objektivität und kann sowohl dem Heiler als auch dem Klienten helfen; es gibt keinen besseren Weg zu lernen, als sich gegenseitig ein Lehrer sein.

Die Art und Weise, wie wir unausgeformte Emotionen als ungeformte bzw. nicht voll ausgeformte Lebensenergieteile einsetzen, kann für unsere Gesundheit ganz entscheidend sein. Wenn man beispielsweise seine Wut nicht auslebt oder noch nicht einmal erkennt, fühlt man sich oft hilf- und kraftlos oder physisch bzw. emotional erschöpft. Ein Mensch, der sich unbewußt in eine Depression stürzt, erscheint lethargisch, nimmt seine Umwelt nicht mehr richtig wahr und interessiert sich nicht einmal mehr für seine grundlegenden Bedürfnisse: Er ißt dann nicht genügend und trinkt zu wenig. Ähnlich hat nicht erkannte Furcht eine lähmende Wirkung; und eine nicht eingestandene Abneigung gegen jemanden zerfrißt langsam die Lebensenergie. Durch nicht erkannte Schuldgefühle werden Kreativität und Spontaneität gelähmt und unterdrückt, und überwältigender Kummer zerstört die Verbindung zu uns nahestehenden Menschen.

Diese emotionalen Zustände sind kaum greifbar und weisen keine einheitlichen Muster auf; dennoch wirken sie sich nachhaltig auf das autonome Nervensystem und das Hormonsystem aus, um nur zwei der wichtigsten zu nennen. Wohlfühlen können wir uns nicht mehr. Bei entsprechender Intensität in solch einem Zustand können Störungen von lebenswichtigen Organen, wie dem Herzen, dem Verdauungssystem oder des Gehirns, die Folge sein. Die Sekundärfolgen können noch weiter gehen; deshalb ist es so wichtig, denen zu helfen, die nicht wissen, wie sie ihre automatischen und unbewußten Reaktionsmuster durchbrechen können, und statt dessen bewußte innere Arbeit zu tun.

Erkennen von menschlichen Energiemustern

Wie verstehen wir unsere Umwelt? Ein grundlegender Weg dazu ist das Erkennen von Mustern in unseren Wahrnehmungen. Das Muster stellt sozusagen ein Modell bzw. ein Beispiel der Ideen dar, welche mit der Bestätigung assoziiert sind; wir analysieren das Muster und gewinnen so ein Verständnis seiner Attribute.

Im Therapeutic-Touch-Prozeß ist das Erkennen von Mustern vor allem in der Einschätzungsphase sehr hilfreich. Hier setzen wir alle Sinne ein; zunächst erfolgt eine »Augen«-Bewertung, wenn der Therapeut den Klienten sieht. Wie ist seine Befindlichkeit? Wie sieht diese aus? Dieses Einschätzen zu Beginn ist der Zündfunke für eine subjektive Bewertung, die nach einer Bestätigung »aus dem Bauch heraus« verlangt, und so heißt die nächste Frage: Wie fühlt es sich an? In unserer westlichen Kultur steht meist ein kurzer, rationaler Check am Anfang, dem eine beziehungsorientiertere Bewertung folgt: In welcher Beziehung stehen die sich gegenseitig beeinflussenden Faktoren zueinander? Wer noch »breiter« denkt, kommt vielleicht zu einem noch ganzheitlicheren Ansatz: In welchem Kontext steht diese Beziehung im größeren Zusammenhang, zum Beispiel mit Blick auf das größere Gute? Im Therapeutic-Touch-Umfeld sind diese simplen Daten allerdings nicht genug. Therapeutic Touch sucht nach Anzeichen über die Befindlichkeit des Klienten, die über die offensichtlichen physischen, die psychischen, die engen intellektuellen oder die philosophischen Zustände hinausgehen. Die Therapeutic-Touch-Einschätzung sucht nach der zugrundeliegenden Dynamik dieser Situationen im Lebensenergiefeld. Der Therapeutic-Touch-Therapeut hält Ausschau nach Informationen, die mit der Symmetrie des Energiefeldes und seiner aufeinander bezogenen Faktoren, seines homöodynamischen Flusses und seiner grundlegenden Unbestechlichkeit zu tun haben.

Der Therapeutic-Touch-Therapeut muß die simplen Komponenten der Logik hinter sich lassen, denn die einschneidenden Wirkungen des Lebensenergiefeldes gehen mit dem Nicht-Physischen in einer Weise um, wo die Gesetze des Seins so fremd erscheinen, daß man mit einer anderen Art von Intelligenz daran gehen muß, einem Wissen, das mehr beinhaltet als die fünf Sinne.

Diese Suche nach Informationen über den Zustand des Klienten, unter dem Einsatz von mehr als nur unserem gewöhnlichen Empfinden und Wahrnehmen macht uns empfänglicher für andere. Dieser Prozeß erfordert Empathie. Wird dieses Einfühlen nicht richtig eingesetzt, kann eine zu enge Identifikation mit dem Klienten die Folge sein. Deshalb ist auch hier Vorsicht geboten: Der Therapeut hilft in diesem Fall nicht mehr dem Klienten bei der Lösung seiner Probleme, sondern wird selbst zum Problem. Deshalb ist es so wichtig, daß der Therapeut seine eigenen Motive kontrolliert und sich dadurch ehrlich eingesteht, um wessen Bedürfnisse es in dieser Beziehung geht. Wer allerdings wirklich zentriert ist, hat damit eine Art Sicherheitsvorkehrung getroffen; der Zentrierungsprozeß an sich ist eine Art inneres Meßinstrument von allem, was nicht ausgewogen ist, deshalb stellt sich diese Frage eigentlich nicht oft. Trotzdem muß der Therapeut sich selbst verantwortungsbewußt wahrnehmen. Mehr als andere wird der Therapeutic-Touch-Heiler bezüglich seines wichtigsten Werkzeugs im Therapeutic Touch, den Erkenntnissen seines Geistes, zur Rechenschaft gezogen.

Empfänglichkeit für die Zeichen aus dem Lebensenergiefeld

Wie wir bereits wissen, sind die Handchakren wichtige Zentren für die psychische Bewußtheit; deshalb können sich unter entsprechenden Umständen die wahrgenommenen Hinweise über den Zustand des Patienten zu einer klaren Vorstellung fügen. Eine solche Erkenntnis ist sehr wertvoll, aber auch sehr selten; damit kann die Therapeutic-Touch-Einschätzung als Basis für eine erweiterte Möglichkeit der Kommunikation mit anderen, ähnlich überlegten Menschen werden.

In der Therapeutic-Touch-Einschätzung wird die direkte Erfahrung mit dem Lebensenergiefeld des Patienten in Hinweise oder Zeichen »übersetzt«. Dies sind aufgespürte Unregelmäßigkeiten bzw. »Unterschiede«, aus denen der Therapeut alle möglichen Störungen oder Unausgewogenheiten herauslesen kann. Sie zeigen sich als Muster im Lebensenergiefluß. Eigentlich ist alles im Universum ein ganz bestimmtes Muster des Lebensenergieflusses. Die Natur spricht zu uns in Mustern, und durch das Erkennen von Mustern erhalten wir Hinweise darauf, was die Organisation eines Objektes bedeutet. Mit entsprechender Übung kann man nicht nur seine Empfänglichkeit für räumliche, sondern auch für rhythmische Zeichen stärken, die den Hintergrund für die Lebensenergie-Interaktionen bilden. Das ist keineswegs überraschend, denn, wie bereits gesagt, hat Prana seinen Ursprung im Element Vayu, welches sich durch Rhythmus charakterisiert. Diese Signatur, sozusagen der »Notenschlüssel«, wird auch den Körpersystemen eingeprägt, durch die das Prana strömt. Wenn etwas verändert ist, nimmt man abweichende Hinweise wahr, was sehr verwirrend ist. Als

Krankenschwester habe ich bei Patienten mit mechanischen Ersatzteilen im Körper, zum Beispiel Herzschrittmachern, oder bei Menschen, die mit Maschinen wie Dialysegeräten oder Herz-Lungen-Maschinen leben müssen, ziemlich heftige rhythmische Veränderungen im Lebensenergiefeld feststellen müssen – eine beeindruckende Erfahrung. Oft wird der natürliche rhythmische Hintergrund des Energiefeldes durch einen erkennbaren, mechanischen »Takt« ersetzt, der Ähnlichkeit hat mit den periodischen Ausschlägen der entsprechenden Maschine. Bei Menschen, die über einen längeren Zeitraum regelmäßig an das Dialysegerät angeschlossen werden mußten, stellte ich fest, daß der imitierte Rhythmus der Maschine auch dann im Energiefeld erhalten blieb, wenn sie nicht an dem Gerät hingen. Auch andere klinische Therapeutic-Touch-Therapeuten haben ähnliches berichtet; solche und andere Erfahrungen zeigen, wie wichtig es wäre, diese Auswirkungen genau zu untersuchen; erst dann ist absehbar, was diese Veränderung des grundlegenden Lebensrhythmus eines Patienten wirklich bedeutet.

Auch bei nicht-menschlichem Leben kann das Lebensenergiefeld auf Zeichen überprüft und eingeschätzt werden; in Kapitel 8 werden dazu interessante Spiele dargestellt. Zum Beispiel ist es relativ einfach, bei Pflanzen-Samen solche Hinweise zu erkennen. Sie haben einen sehr starken Lebenskern, und deshalb entstehen aus kleinen Eicheln große starke Eichen. Diese große Kraft erlebte ich vor einigen Jahren, als ich von einer indianischen Familie »adoptiert« wurde. Aus diesem Anlaß erhielt ich einen Medizinbeutel mit allen möglichen Dingen, und ich lernte sie zu verwenden. Zwei Sachen interessierten mich ganz besonders: Mais und Hoddentin, die Pollen des Rohrkolbens. Beides sind eigentlich Samen, und doch werden sie ganz unterschiedlich verwendet. Ich fragte mich, warum ihre beiden Lebensenergien unterschiedliche Qualitäten hatten. Deshalb machte ich eine Therapeutic-Touch-Einschätzung und war fasziniert, als ich tatsächlich Unterschiede feststellte. Dieses Experiment machte mir soviel Spaß, daß ich daraus ein Spiel entwickelte (vgl. im folgenden »Erforschung des Selbst«, Teil 11: »Samen-Gedanken«). Man kann es zu zweit oder mehreren, aber auch alleine spielen.

Samen-Gedanken

Material

1. Eine knappe Handvoll biologisch angebauter Maiskörner oder Maismehl, Blütenpollen, ein paar Kieselsteine in der Größe der Maiskörner.
2. Drei identische Stoffsäckchen mit jeweils der gleichen Menge der o. g. Dinge gefüllt.
3. Punktetabelle und Stift.

Die Übung

1. Als erstes zentrieren sich alle Spielteilnehmer.
2. Person »A« fängt an.
3. »A« steht vor einem Tisch, schließt die Augen oder läßt sie sich verbinden.
4. Die andere Person, »B«, legt die drei Säckchen vor »A« auf den Tisch, die Reihenfolge ist egal, es sollte allerdings ein Abstand von ca. 15 Zentimetern dazwischen sein. Wenn »B« fertig ist, sagt er »A« Bescheid und geht zur Seite.
5. »A« geht nun zum Tisch, streckt die Hände aus und macht von jedem Säckchen eine Therapeutic-Touch-Einschätzung, ohne sie zu berühren. Oder »A« nimmt ein Säckchen in die Hand und macht die Einschätzung mit der anderen Hand über dem Säckchen. Dann beschreibt »A« das Feld, das er wahrnimmt, und muß erraten, was in jedem Säckchen enthalten ist.
6. Nun wird der Inhalt der Säckchen überprüft. Für jedes richtig erratene Säckchen gibt es zwei Punkte. Wenn alle drei richtig sind, gibt es zehn Sonderpunkte.
7. Nun ist »B« an der Reihe und läßt sich die Augen verbinden. »A« legt die drei Säckchen wieder auf den Tisch, beide zentrieren sich, und »B« beginnt.
8. Jeder darf dreimal raten. Die Person bzw. das Team mit der höchsten Punktzahl gewinnt.

Abb. 8: Die geheimnisvollen Säckchen einschätzen

Ich stellte in den Lebensenergiefeldern von Mais und Pollen-körnern eindeutige Unterschiede fest. Der Mais strahlte eine aus-gesprochen durchdringende Hitze aus, klar definiert und über-raschend intensiv sowie ganz gleichmäßig. Der Pollen hatte eine feinere, dennoch kräftige Energie, kühl, aber nicht kalt, die einen gleichmäßigen Rhythmus hatte und im ganzen Feld so etwas wie ein »elektrisches Glühen« verbreitete. Bei den Kieselsteinen kam es darauf an, wo sie herstammten. Am meisten Spaß hatte ich ein-mal, als ich sie durch kleine Quarzkristalle ersetzte. Wenn ich in abenteuerlustiger Stimmung bin und jemand zum Spielen da ist, nehmen wir uns Vogelfutter vor, sortieren es nach Sonnenblumen-kernen, Hirse etc. Die kleinen Häufchen werden zugedeckt, und dann versuchen wir, wie in der »Samen-Gedanken«-Übung, ihre Lebensenergie einzuschätzen.

Mit diesem Spiel kann man auf unterhaltsame Art die Handcha-kren trainieren. Man kann zum Beispiel die Samen auch keimen lassen und testen, ob das einen Unterschied ausmacht. Mit diesem

Spiel kann man einen vergnüglichen Tag zu Hause verbringen, wenn es draußen stürmt und ungemütlich ist, oder eine belanglose Garten-Party zu etwas ganz Besonderem machen. Genießen Sie es!

Die Gültigkeit von Berührung ohne Kontakt

Wie oben beschrieben, ist die Therapeutic-Touch-Einschätzung also die Arbeit mit den Handchakren nach vorheriger Zentrierung; dabei befinden sich die Handflächen einige Zentimeter über dem Körper des Klienten. Sie stellen die Sensoren dar, durch die Hinweise auf ein Ungleichgewicht im Energiefeld lokalisiert werden.

Unter bestimmten Bedingungen möchte der Heiler vielleicht seine Hände direkt auf den Körper seines Patienten legen und mit wachsender Erfahrung auch lernen, wie andere Chakren bei der Therapeutic-Touch-Einschätzung eingesetzt werden können.

Im Westen wurde nie in Frage gestellt, daß durch direkte Berührung eines Objektes Informationen erhalten werden; fast alles, was antomisch mit Berührung zu tun hat, ist bereits erforscht und lokalisiert, auch die physische Wirkung ist meßbar. So ist es beispielsweise eine anerkannte Tatsache, daß der größte Teil der Großhirnrinde, in dem Sinneswahrnehmungen lokalisiert sind, mit Berührung zu tun hat; deshalb können wir durch Berührung mehr physische Daten erhalten als durch jedes andere Sinnesorgan. Es ist bekannt, daß Berührung beträchtliche physiologische Auswirkungen hat; so haben Experimente gezeigt, daß dadurch chemische Veränderungen im Gehirn ausgelöst werden. Auch das Atemmuster wird durch Berührung beeinflußt, ebenso werden Pulsschlag und Blutdruck dadurch vermindert. Eine Berührung wirkt beruhigend, wenn jemand aufgeregt ist, und kann nachweislich Streß abbauen.

Die »Berührung« als zentraler Teil des Therapeutic Touch – wobei die Hände entweder *auf* dem Körper des Patienten liegen, um so Informationen zu erhalten, oder sich als Sensoren *über* dem Körper befinden, je nach Situation – kann bei den nicht-physischen Aspekten nicht mit solchen meßbaren Kriterien arbeiten. Der Grund dafür ist nur allzu einfach: Die Instrumente, mit deren Hilfe der dynamische Raum, die Matrix der Lebensenergie, gemessen werden könnte, sind noch nicht erfunden worden; und solche Instrumente sind in der empirischen Forschung die anerkannten Gradmesser. (Bei uns im Westen vergißt man leicht, daß»unsere« Mathematik sich sehr wohl auf die Gedanken anderer Kulturen stützt. So wurde das Konzept der»Null« – ohne die es keinen verläßlichen »Maßstab« gäbe – von den Arabern entwickelt. Und die Mayas sagten mit genauen Kalendern astronomische Vorgänge voraus.)

Aus Indien kommen andere, altehrwürdige Lehren, die die Wirksamkeit der therapeutischen Anwendung ohne direkte Berührung der Haut bestätigen, also das, was auch im Therapeutic Touch passiert. Wieder sind es die Upanishaden, die die grundlegenden Ideen für dieses Konzept liefern, welches für Therapeutic Touch eine so zentrale Rolle spielt. Grundannahme für die Wirksamkeit ist, daß wir, als Individuen, sensorische Informationen über physiologische»Tore« empfangen, Eingänge bzw. Schwellen, die bei uns im Westen»Sinnesorgane« genannt werden. An einem entscheidenden Punkt unterscheidet sich unsere zeitgenössische Auffassung allerdings wesentlich von den alten Lehren: Die Upanishaden behaupten, daß die Sinnesorgane lediglich die physischen Instrumente sind, über die die Daten empfangen werden. Der Geist arbeitet durch die Sinnesorgane und befähigt sie (Avalon, S. 59–64): Er konzentriert seine Fähigkeiten und setzt die Aufmerksamkeit ein, um die eingehenden Daten und die darauffolgende Reaktion zusammenzutragen; hinzu kommen seine Verbindung mit der Intuition (*buddhi*) und seine Identifikation mit dem Selbst. Wir könnten also sagen, daß die physischen»Utensilien« eigentlich wie ein roboterartiges Tastgerät agieren. Die wahre Kraft kommt aus dem Geist, und wer um diesen Prozeß weiß, kann – so sagt die Literatur – alle sensorischen Funktionen ausführen, ohne die Sinnesorgane bzw. Berührung einzuschalten. Vor diesem Hintergrund erhält Therapeutic Touch – als Modalität, die normalerweise nicht die eigentlichen Hände einsetzt, sondern über die Handchakren mit dem Körper und der Lebensenergie Kontakt aufnimmt – seine Wirksamkeit aus der Achtsamkeit und dem bewußten Ausdruck des zentrierten Geistes, eine andere, nicht übliche Quelle von Intelligenz. So gesehen ist Berührung, insbesondere die Therapeutic-Touch-Berührung, ein»Teleempfänger«, der aus der Distanz arbeitet, so wie auch die vier anderen Hauptsinnesorgane: das Gehör, das durch Schwingungsreize agiert; der Sehsinn, der von den Photonen der elektromagnetischen Strahlung angeregt wird; Geruch und Geschmack, die auf chemische Moleküle reagieren.

Auswirkungen des Therapeutic Touch auf den Therapeuten

Erfahrene Therapeutic-Touch-Therapeuten wissen, daß das Verständnis für die therapeutische Arbeit mit dem Lebensenergiefeld zwar eine sehr wesentliche, aber nicht der einzige Beweis für die Erfahrung des Therapeuten ist. Mindestens genauso wichtig ist es zu wissen, wie das Wissen im Leben angewendet werden kann. Kontinuierliches Zentrieren schärft das Wahrnehmen der feinstofflichen Welt in uns und läßt uns klar erkennen, daß ihre Funktionen von unserem Bewußtsein erreicht werden können. Je mehr der Therapeut die Besonderheiten der Lebensenergie beherrscht, desto klarer und zusammenhängender wird auch seine Therapeutic-Touch-Arbeit, desto mehr ist er im Einklang mit den Zielen für die jeweilige Behandlung. Auch die Kraft des Mitgefühls als Verbündeter eröffnet sich dem Heiler, eine Kraft, die auf ihre Weise und im eigenen Tempo während der Behandlung zum Tragen kommt. Damit gewinnt der Therapeut großes Vertrauen (noch ein Verbündeter!) in seine Arbeit als Helfer und Heiler.

Ein Therapeutic-Touch-Therapeut, der sich auch im Leben persönlicher Bewußtseinszentrierung öffnet, lernt, die feinstofflichen Energien zu verstehen, die den Menschen beeinflussen, und diese bewußt empfänglicher zu machen für ihre Verbindung zum Höheren Selbst. Daraus entsteht so etwas wie ein Synergieeffekt. Der Heiler reagiert auf die Bedürfnisse des Patienten mit Mitgefühl und arbeitet so hauptsächlich über das Herzchakra, welches ja, wie bereits beschrieben, eine natürliche Affinität zum Berührungssinn hat. Diese miteinander agierenden Qualitäten nähren im Therapeuten ein Gefühl des Einsseins mit der Natur. Das Streben danach und die Identifizierung damit wecken intuitive Fähigkeiten und machen noch empfänglicher für die Hinweise des Inneren

Selbst. Gleichzeitig werden Konditionierungen und Gewohnheiten im Energiefluß gebrochen. Mit der Zeit entstehen dabei Knotenpunkte, an denen wir neue Beziehungen innerhalb des Energiefeldes aufbauen können; sie sind nur eine Andeutung dessen, was an kreativen Möglichkeiten vorhanden ist, wenn der Heiler unvorbelastet ist. Ein gesunder Therapeutic-Touch-Therapeut organisiert sich selbst, entfaltet kontinuierlich sein ganz persönliches Potential und verändert sich ständig; deshalb ist er auch bereit, Kreativität therapeutisch einzusetzen. In der Heilmatrix stehen wir vor der Erkenntnis, daß diese nicht nur uns selbst charakterisieren, sondern daß auch der Patient diese Chance hat. Und so lernt der Therapeutic-Touch-Therapeut dadurch auch sein eigenes Potential kennen.

Die unterschiedlichen Welten von Heiler und Patient

Für einen Heiler wäre es sehr dumm, wenn er nicht an das glauben würde, was er tut; ganz im Gegensatz dazu ist der Erfolg einer Therapeutic-Touch-Behandlung nicht davon abhängig, ob der Patient daran glaubt oder nicht. Dennoch ist es sinnvoll, daß er offen sein sollte, bereit, sich zu entspannen und die Hilfe des Therapeuten anzunehmen. Dies sind die einzigen Voraussetzungen dafür, daß Therapeutic Touch auch viele lebenswichtige Körperfunktionen wieder in Balance bringen kann: Atmung, Stoffwechsel, Blutkreislauf, Nervenimpulse, biochemische Abläufe und das Säure-Basen-Gleichgewicht. Die meisten Patienten berichten, daß sie sich nach einer Therapeutic-Touch-Behandlung sehr friedvoll fühlen, ein Gefühl, als ob sie dem Alltagstrubel ein wenig entronnen wären, ein definitives Gespür für das Zusammenspiel der feinen Energien im Körper bzw. ein wenig über den Körper hinaus, im Lebensenergiefeld. Oft beschreibt der Klient auch, daß »die gewöhnlich nicht so präsenten Aspekte meiner Persönlichkeit ins Spiel kommen«; der Patient fühlt sich anders als sonst und nimmt auch andere Personen unterschiedlich wahr. Vom klinischen Standpunkt wird die Atmung voller und tiefer; die Muskulatur ist weniger verspannt; der Patient fühlt sich ruhiger und kontrollierter; der Schmerz wird weniger oder verschwindet ganz, und ein Wohlgefühl stellt sich ein.

Bei so vielen positiven Auswirkungen passiert es nicht selten, daß unerfahrene Therapeuten oder zufällige Beobachter sich mit dem Patienten identifzieren und annehmen, daß Heiler und Klient eine ähnliche Erfahrung durchlaufen. Dem ist eigentlich nicht so. Zum einen ist die Motivation eine andere; der Klient wünscht sich Wohlbefinden und weniger Schmerz, der Heiler dagegen agiert aus Mitgefühl mit dem Patienten und aus dem Wunsch heraus, zu helfen oder zu heilen. Auch die Auswirkungen des Therapeutic Touch sind grundsätzlich verschieden.

Bei beiden hat die Arbeit tiefgreifende Wirkungen; beim Heiler steht allerdings ein Gefühl von Sinnhaftigkeit im Vordergrund, was mit der eingesetzten Intentionalität zu tun hat. Beim Klienten ist es mehr ein Gefühl von Frieden und Wohlbefinden. Wie Studien gezeigt haben, ändert sich sowohl beim Therapeuten als auch beim Klienten der Bewußtseinszustand. EEG-Aufzeichnungen der Gehirnwellen zeigen beim Heiler einen fein synchronisierten, hohen Beta-Status, Hinweis auf einen sehr aufmerksamen, koordinierten Bewußtseinszustand in beiden Gehirnhälften. Der Klient dagegen befindet sich im Alpha-Zustand der Entspannung, obwohl er die Augen offen hat (Krieger, Peper und Ancoli, 1979). Weiterhin haben sowohl der Therapeut als auch der Patient festes Vertrauen in den Prozeß, doch das Objekt dieses Vertrauens ist jeweils ein anderes. Der Therapeut vertraut der Dynamik des Therapeutic-Touch-Prozesses, der Klient dagegen verläßt sich vor allem auf die Kompetenz des Therapeuten. Am Ende der Therapeutic-Touch-Sitzung besteht zwischen beiden eine Verbindung. Für den Therapeuten entsteht diese als Aspekt der transpersonalen Erfahrung, auf die er sich während der Behandlung bewußt eingelassen hat. Beim Patienten liegt der Grund dafür vielleicht eher in seiner Bewunderung für den Therapeuten oder kommt unbewußt tief aus seinem Innern hoch, wenn »… eher ungewöhnliche Aspekte meines Selbst ins Spiel kommen«. Tabelle 1 auf Seite 118 zeigt eine graphische Aufbereitung dieser Unterschiede.

Wer sind diese Menschen, denen wir helfen wollen? Typischerweise haben sie ein »krankes« Verhaltensmuster: Sie ziehen sich extrem stark nach innen zurück, wirken vom Alltag wie abgeschlossen bzw. getrennt von der natürlichen Interaktion zwischen Universum und Einzelwesen, die für uns normalerweise etwas Selbstverständliches ist, unsere Verbindung zum »Ganzen«, zum Leben. Der Patient fühlt sich außerhalb dieser Verbindung und hat die Kontrolle verloren. Wenn man sich dagegen wohlfühlt, fühlt man sich im Einklang mit dem Universum. Dann ist das Leben mehr oder weniger einfach, hat einen Rhythmus, und alles, was in diesem Fluß passiert, scheint irgendwie vorhersagbar zu sein. Für den Patienten ist das ganz anders. Für ihn verläuft der Fluß in unberechenbaren Windungen; jeder Schritt auf diesem Weg kann beunruhigend und beängstigend sein, ist schmerzhaft oder dreht einem vor Angst den Magen um. Erfahrene Therapeutic-Touch-Therapeuten, die die Bewußtseinszentrierung in ihr Leben integriert haben, wissen allerdings, daß Dora Kunz recht hat: Ihre Studien zeigen, daß der Therapeutic-Touch-Therapeut, der fest in seinem Inneren Selbst verankert ist, lernen kann, von diesem Platz aus das Innere Selbst des Patienten zu erreichen, und zwar mit so viel Klarheit, daß der Patient erkennt, daß auch er in diesem gelassenen Gleichgewicht verwurzelt ist. Er merkt, daß er nicht allein ist, und dadurch ist er, wie Dora Kunz so schön schreibt, »... in der Lage auszuhalten«.

Tabelle 1: Die Unterschiede zwischen Therapeut und Patient

A. Therapeutic-Touch- Therapeut   B: Patient

Genährt von:	*Genährt von*:
Mitgefühl	Stimmung, welche Neuropep-
Bewußtseinszentrierung	tide stimuliert,
Sachkundigem Einsatz von	Entspannungsreaktion, die
Intentionalität	das Immunsystem unterstützt
Aktiviert durch:	*Aktiviert durch*:
Kunst des Leitens	Resonante Welle von endokri-
Modulierens	nen Veränderungen, die auch
Glättens	das Immunsystem aktiviert
Verwurzelt in:	*Verwurzelt in*:
Ausrichtung auf das Höhere	Wille, sich zu verändern
Selbst	(daraus lernt er die Lektion
	der Krankheit)

118

Die Realität des Transpersonalen

Dieser Blick auf die weiterreichenden Ziele der Therapeutic-Touch-Interaktion schließt noch sehr viel mehr mit ein. Die Vermutung liegt nahe, daß der Prozeß nicht einfach nur eine Weltsicht ist, in der Energieströme die Biosphäre durchdringen und dort in Biorhythmen zirkulieren, deren biochemische »Gezeiten« von Feldkräften gestaltet werden, welche wiederum von Prana mit Lebensenergie aufgeladen werden. Dieses biophysische Szenario ist anscheinend zu allgemein, nicht Menschen-bezogen und als Konzept steril, außer wir postulieren eine organisatorische Basis, welche auf einer anderen Art von Intelligenz und bewußtem Geist beruht. Dann können wir erkennen, daß Therapeutic Touch ein lebensbejahendes Mittel bereitstellt, mit dessen Hilfe der Geist sich in seinem natürlichen Bestreben nach Selbst-Bewußtheit besser verwirklichen kann.

Unsere westliche Kultur tut sich schwer mit dem Suprarationalen und dem Nicht-Meßbaren. Doch wenn wir einmal über den eigenen Tellerrand hinausblicken, gibt es ja auch noch andere Kulturen. Die Chinesen wußten beispielsweise bereits vor Jahrtausenden, daß wir ein integraler Teil des Universums sind; in diesem Kontext war nicht die Natur der Feind, sondern die menschliche Unsensibilität gegenüber ihren in uns wirkenden Kräften. Aus dieser Sicht heraus könnten wir behaupten, daß es so etwas wie eine kontinuierliche innere Entwicklung gibt, die mehr umfaßt als instinktives biopsychologisches Wachstum, sondern der Entfaltung eines neuen Bewußtseins dient, welches durch den menschlichen Wunsch zu helfen und heilen vorangebracht wird.

Durch den Akt der Zentrierung und das Bedürfnis, anderen zu helfen, werden wir offen für die feineren Impulse des inneren Selbst; dort gedeihen neue Ideen, Aktionen und Bestrebungen. Der normale, eher zufällige Strom von Bildern und Metaphern, Vorstellungen, Informationen und Erinnerungen erhält durch das Zentrieren einen Zusammenhang und eine klare Struktur mit dem Fokus auf die Bedürfnisse des Klienten. Durch die vorrangige Bedeutung des Zentrierens kann Therapeutic Touch eine transpersonale Qualität gewinnen. Wenn der Therapeutic-Touch-Therapeut seine innere Vitalität nach außen bringt, kann dadurch die dünne

Schicht sozialer Verhaltensweisen durchbrochen und mit einem Funken dieser vitalen Kraft durchdrungen werden. Diese sehr enge Verbindung kann eine einzigartige Energie freisetzen, die feineren Kräfte des Höheren Selbst. Bei echten Akten des Mitgefühls kann man diese transpersonale Dynamik beobachten. Das Konzept von transpersonalen Dimensionen des Bewußtseins entstand aus Maslows Studien über ungewöhnliche Erfahrungen von außergewöhnlichen Menschen (Maslow, 1968). Er stellte fest, daß es eine Erfahrungswirklichkeit von höheren Ordnungen des Selbst im Leben gibt. Die Vorsilbe »trans« weist auf Bewußtseinszustände des Individuums hin, die über das normalerweise Wahrgenommene hinausgehen. »Transpersonales Bewußtsein« impliziert, daß Bewußtsein nicht immer nur am physischen Körper und am Gehirn festgemacht ist. Tart wies darauf hin, daß es vielleicht noch andere Arten von Bewußtsein gibt, mit denen wir in Kontakt treten können (Tart, 1975).

Es gibt mehrere Ebenen transpersonaler Erfahrung, welche im Menschen als Potential angelegt sind; man geht davon aus, daß sie ihren Ursprung im tiefsten Unbewußten haben. Wie bereits erwähnt, hat im Therapeutic-Touch-Kontext das Transpersonale die Chance hervorzukommen. Deshalb sollte man sich Wilburs Aussage über das Transpersonale einmal genau ansehen: Er sagt, wir gehen dabei über das persönliche Ego hinaus, und deshalb muß das Individuum erst einmal ein stabiles, gesundes Ego entwickeln, bevor es dieses Ego transzendieren kann. Er sagt weiterhin: »... Wenn dies nicht der Fall ist, kommt es zu pathologischen Zuständen, die oft mit sehr großem psychischen Streß einhergehen« (Wilbur, 1980).

Wer also Therapeutic Touch zu seinem Lebensweg macht, sollte all dies ernsthaft bedenken. Es geht hier nicht um Euphorie. Die persönliche Herausforderung besteht darin, sich seine Lebensbedingungen so zu gestalten, daß diese universale Kraft durch uns hindurchfließen kann, ohne daß sie durch persönliche Unzulänglichkeiten behindert oder entstellt wird. Das ist zweifellos eine große Herausforderung. Wer professionell daran geht, hat dafür einen sehr guten Weg gefunden, sich zu einem menschlichen Unterstützungssystem zu entwickeln für all die, die in Not sind. Und es ist ein erstrebenswertes Ziel für diejenigen, die sich die Frage stellen: *»Warum möchte ich ein Heiler sein?«*

Kapitel 7
Dynamische Kennzeichen des Therapeutic-Touch-Prozesses
Verbündete des Heilens

»Sie sind so oft gestorben«, sagte sie. Otelia, Ärztin und langjährige Freundin, saß an einem Sommernachmittag neben mir an einem munter plätschernden Bach, und wir sprachen über Therapeutic Touch. Seit den ersten Anfängen 1972 hatte sie mich und Dora Kunz in unserer Arbeit unterstützt. Bei jedem Treffen wollte sie alle Neuigkeiten darüber wissen. Gerade hatte ich erzählt, daß man mit Therapeutic Touch erfolgreich den paralytischen Ileus behandeln konnte, eine Lähmung der Darmwand, die recht häufig nach Operationen im Bauchraum auftritt. Die 94jährige Otelia war von dieser eher beiläufigen Bemerkung ganz betroffen. Einen Moment schaute sie schweigend auf das schnell dahinfließende Wasser, dann erzählte sie mir, wie sie als junge Krankenschwester zu Beginn des 20. Jahrhunderts, ebenso wie auch ihre Kolleginnen, immer Angst davor hatte, sich um Patienten mit Bauchoperationen kümmern zu müssen, weil so viele von ihnen nach der Operation am scheinbar unvermeidbaren paralytischen Ileus starben. »Selbst jetzt noch«, sagte sie, »habe ich das Gefühl, daß mit dem, was du da über Therapeutic Touch erzählst, meine Gebete erhört worden sind.«

Jetzt war ich ganz erschüttert. Wir hatten zu jenem Zeitpunkt – 1990 – bereits seit zehn Jahren erfolgreich den paralytischen Ileus mit Therapeutic Touch behandelt. Es war eine sichere und hilfreiche Methode, und wir hatten keine Angst mehr davor. Daß es einmal tödlich war, hatte ich ganz vergessen.

(Eine seltsame Echtzeit-Synchronizität: Kurz nachdem ich diesen Absatz geschrieben hatte, rief mich eine befreundete Therapeutic-Touch-Therapeutin an. Crystal arbeitete auf der Intensivstation eines großen Krankenhauses in Toronto, Kanada, und erzählte mir von einem ungewöhnlichen Vorfall. Sie behandelte eine Patientin, die fast im Koma lag und todkrank war. Eine Stationsschwester hatte die Frau begleitet und stand nun unbeteiligt, aber neugierig neben dem Bett, mit Blick auf den Monitor, der die Lebenszeichen der Patientin wiedergab. Nach etwa drei Minuten stieß sie einen Schrei aus, so daß alles Personal in Hörweite in den Raum stürzte. Was war geschehen? Die Werte auf dem Monitor waren unerklärlicherweise wieder normal und stabil. Die Patientin, eine ältere Frau, öffnete die Augen, lächelte und sagte: »Könnten Sie mich bitte da einmal kratzen?« Dann fiel sie in einen gesunden Schlaf. Das erstaunte Personal machte Bemerkungen wie »Sensationell!«, »Unglaublich!« und »Wenn ich das nicht mit eigenen Augen gesehen hätte…«. »Das hört sich ja wirklich erstaunlich an«, sagte ich zu Crystal. »Was hatte die Frau denn?« »Oh, paralytischen Ileus«, war die Antwort. Selbst ich war über diese Synchronizität der Ereignisse erstaunt. Da saß ich in New York und schrieb über die erfolgreiche Behandlung von paralytischem Ileus mit Therapeutic Touch, und genau zu diesem Zeitpunkt lieferte Crystal in Toronto einen Beweis dafür.)

Verbündete der Selbstheilung

Jahrelange Erfahrung hat mich gelehrt, daß vor allem das autonome Nervensystem (ANS) sehr sensibel auf Therapeutic Touch reagiert, deshalb können eine ganze Anzahl von ANS-Funktionsstörungen mit Therapeutic Touch erfolgreich behandelt werden. Auch das Lymphsystem, der Blutkreislauf und das Urogenitalsystem sind sehr empfänglich dafür, des weiteren der Bewegungsapparat. Doch leider sprechen nicht alle Körpersysteme so gut an. Das Endokrinium, die Drüsen mit innerer Sekretion, reagiert nur bei manchen Störungen, bei anderen nicht (Krieger, 1993). Inzwischen wurden 27 Doktorarbeiten darüber geschrieben, und 18 weiterführende Studien darüber durchgeführt; aber ein triftiger Grund für die Sensibilität bzw. Nicht-Sensibilität gegenüber der Therapeutic-Touch-Behandlung wurde noch nicht gefunden.

Ein gesunder physischer Körper ist unglaublich krankheitsresistent. Da er so aufgebaut ist, daß es Redundanzen gibt, kann er vielen Angriffen widerstehen. Vor über fünfzig Jahren schrieb Canon, der das Konzept der physiologischen Homostase entwickelt hat, daß der Körper unter Streß sogar dann noch funktioniert, wenn:

• zwei Drittel der beiden Nieren entfernt worden waren,
• neun Zehntel des Nebennierengewebes herausgeschnitten worden waren,
• nur noch ein Fünftel der Schilddrüse richtig funktionierte,
• nur noch ein Fünftel der Bauchspeicheldrüse Insulin produzierte,
• nur noch ein Viertel der Leber intakt und funktionsfähig war.

Er schrieb weiterhin, daß etwa drei Meter des normalerweise sieben bis acht Meter langen Dünndarms entfernt werden könnten, ohne daß der Körper deshalb seine Wirkungsweise verlieren würde; nur ein sehr kleiner Teil des Dickdarms ist wirklich überlebensnotwendig. Auch beim Blutzucker und bei Kalziumwerten im Blut, beim systolischen Blutdruck, der Lungenkapazität und großen Teilen des Gehirns ist mehr vorhanden als für die Homöostase wirklich nötig ist (Canon, 1932).

Dies zeigt, daß der Mensch privilegiert ist; er hat sozusagen eine eingebaute Sicherheitsvorkehrung. Also müßte eine nur geringe Heilwirkung bereits ausreichen, um das Wohlbefinden wiederherzustellen. Und der Körper hat in sich ein wahres Heer von Verbündeten zu seinem Schutz und zur Heilung:

In vorderster Front steht das Immunsystem. Es erkennt Fremdobjekte, die Invasoren darstellen, und greift sie an. Inzwischen wird das Immunsystem aufgrund dieser Fähigkeit, Außenstehendes zu erkennen und entsprechend zu reagieren, als eine Art zweites Gehirn betrachtet.

Bei Trauma, Schock oder Streß reagiert das autonome Nervensystem sofort, um den Körper zu schützen. Meistens wird durch die entsprechenden Reaktionen der Überlebensinstinkt, der meist unterbewußt agiert, angesprochen und gestärkt.

Auch die Schilddrüse ist ein Verbündeter dieser Allianz zum Wohle des Körpers. Eine ihrer zentralen Aufgaben ist der anabolisch-katabolische Prozeß des Auf- und Abbaus zellulärer Strukturen, was zum Beispiel die Wundheilung unterstützt.

Die beiden Nebennieren sind zwei kleine, aber äußerst wirksame Hormondrüsen; sie sitzen wie zwei Kappen über den Nieren und sind absolut lebenswichtig. Sie reagieren sehr sensibel auf Therapeutic Touch und können leicht und sicher behandelt werden (Krieger, 1993).

Im Gehirn gibt es mehrere Strukturen, die mit Heilung und Wohlbefinden in Zusammenhang stehen; hervorzuheben sind vor allem die beiden Thalamus-Körper, je einer pro Gehirnhälfte. Sie dienen als Relais-Station für eingehende Sinneswahrnehmungen. Dabei filtern sie unpassende Reize, die die physiologische Homöo-dynamik des Körpers überfordern würden, aus.

Eine tiefere Gehirnstruktur, das limbische System, sorgt dafür, daß der Körper nicht mit emotionalen Stimuli überlastet wird. Mit Hilfe dieses Systems kann die bewußte Wahrnehmung in unerträg-lichen oder krankmachenden Situationen zurückgezogen werden; es bietet also eine Art Asyl in schweren Zeiten.

Weitere Verbündete sind Körpergewebe, die sich schnell regene-rieren können, zum Beispiel in Knochen, in der Leber, der Haut und den peripheren Nerven. Normalerweise kann man von einem schnellen Heilungsprozeß ausgehen.

Therapeutic Touch als Wachstumserfahrung persönlichen Wissens

Was, von dem wir wissen, kann uns helfen, diese natürlichen Ver-bündeten zu nutzen und gegebenenfalls mit Therapeutic Touch noch ein Stück weiterzugehen? Dora Kunz und ich sind dieser Frage fast ein Viertel Jahrhundert nachgegangen und haben nach einer theoretischen Basis für Therapeutic Touch gesucht. Kurz zu-sammengefaßt gehören dazu:

- ein Modell des menschlichen Lebensenergiefeldes (Kunz),
- das Modell des Therapeutic Touch als menschliches Potential (Krieger),
- ein konzeptueller Rahmen von Mitgefühl und Ordnung im Uni-versum (Kunz),
- ein konzeptueller Rahmen von Intentionalität und Mitgefühl als Kraftquelle des Therapeutic Touch (Krieger),

124

- ein konzeptueller Rahmen von bewußter Zentrierung als entscheidende Variable im Therapeutic Touch (Kunz und Krieger),
- die Therapeutic-Touch-Einschätzung als analoges Rettungssystem (Krieger),
- ein Modell von der Tiefenrollenidentität des Therapeuten während der Therapeutic-Touch-Einschätzung und der Gegenrollenidentität im Rebalancing-Prozeß (Krieger),
- ein konzeptueller Rahmen des Geburt-Leben-Tod-Kontinuums als natürliches Universalgesetz (Kunz):

1. Alle Komponenten des Universums befinden sich in einem kontinuierlichen zyklischen Prozeß von Geburt, Leben und Tod.
2. Deshalb ist Wandel offensichtlich eine universale Konstante.
3. Folglich sollte sich der Therapeut nicht persönlich für das Gelingen oder Mißlingen der Therapeutic-Touch-Behandlung verantwortlich fühlen.

Es gibt außerdem eine Reihe von Prinzipien, auf die man sich im Therapeutic Touch verlassen kann:

- Ein Mensch hört nicht bei seiner Haut auf. Vielmehr ist das Individuum ein lokalisiertes Energiefeld, das sich über die physischen und biologischen Grenzen der Haut hinaus fortsetzt.
- Während der Therapeutic-Touch-Einschätzung nimmt der Therapeut Vitalität, Emotionen und Gedanken als menschliche Energien im Lebensenergiefeld des Klienten wahr.
- Das Balancieren des menschlichen Lebensenergiefeldes geschieht analog einem generellen Prinzip von Gegensätzen.
- Die Therapeutic-Touch-Fertigkeiten gründen auf Mitgefühl und universaler Ordnung und erhalten ihre Kraft vor dem Hintergrund des zentrierten Bewußtseins des Therapeuten.
- Achtsamkeit leitet und moduliert das Lebensenergiefeld.
- Weniger ist mehr; je größer das Trauma ist, desto sanfter und kürzer sollte die Behandlung sein.
- Chakren sind Zentren für andere Arten von Bewußtsein; sie sind essentiell für die Einzigartigkeit jedes einzelnen.
- Zwischen den Chakren und der DNA (Desoxyribonukleinsäure) gibt es eine interessante, gültige Analogie: beide können in ihrer Struktur nicht verändert werden außer vom einzelnen selbst.

- Durch Therapeutic Touch kann der Fluß der Lebensenergien, die durch die Chakren beim Eintritt in das persönliche Selbst transformiert werden, allerdings zum Wohle des Patienten moduliert und verändert werden.

- Und letztlich gilt immer: Wenn Zweifel bestehen, sollte nichts unternommen, sondern der Klient an jemanden mit mehr Wissen und Erfahrung verwiesen werden.

Der Therapeutic-Touch-Therapeut arbeitet hauptsächlich im Lebensenergiefeld; das ist seine Domäne. Über die Handchakren nimmt er Hinweise auf und lernt so das Feld kennen. Diese Interaktion zeigt ihm, ob das Feld in Balance oder im Ungleichgewicht ist. Ein ausgewogenes Energiefeld zeichnet sich für den Therapeuten vor allem aus durch: Fluß, Rhythmus, Muster, Balance und Symmetrie. Außerdem ist dahinter eine inneliegende Ordnung sichtbar. Ein Ungleichgewicht im Energiefeld zeigt sich vor allem in einem Gefühl von Verstopfung oder übermäßigem Druck im Energiefluß, unregelmäßigen bzw. unkoordinierten Bewegungen oder Schwingungen, einem Mangel an Symmetrie oder erheblichen Temperaturunterschieden.

Diese Merkmale werden auch dem Prana im Energiefeld aufgedrückt. In Kapitel 3 wurden die fünf Subsysteme der universalen Lebenskraft bzw. des Prana dargestellt, die im Moment vom Menschen assimiliert werden können. Aus den Beschreibungen schließe ich, daß das *Vyana* der Therapeutic-Touch-Behandlung wohl am zugänglichsten ist. Vyana tritt über das Milzchakra in den einzelnen Menschen ein und strömt dann durch den ganzen Körper. Durch Vyana sind Muskelbewegungen, Blutkreislauf, Stoffwechselfunktionen und die Verteilung der Lebenskraft möglich. Wenn dieses Gefühl stimmt, könnte dies den breiten therapeutischen Einsatz des Therapeutic Touch erklären.

Verschiedene Formen der Lebensenergie

Manchmal ist nicht klar; daß anderen helfen und heilen nur ein Aspekt des Therapeutic Touch ist. Für das Prana gibt es offensichtlich ein großes Spektrum an Einsatzmöglichkeiten. Bei der Arbeit mit Schwerkranken ist der Therapeut ganz besonders bemüht zu helfen und ist deshalb bereit, sein Lebensenergiefeld in besonderem Maße zu öffnen. Zu diesem Zeitpunkt ist der Therapeut sehr offen für die Nöte des Patienten. Der Energiemangel wird ziemlich einfach als feine, aber spürbare Bewegung wahrgenommen, denn der Pranafluß vom Therapeuten zum Patienten geht schnell und direkt. So etwas passiert allerdings auch völlig unbemerkt, nicht nur während der Therapie, sondern auch im Alltag, sowohl bei Therapeuten als auch bei Laien, wenn sie mit sehr geschwächten Personen zu tun haben. Daß Prana von stärkeren zu schwächeren lokalisierten Lebensenergiefeldern fließt, scheint ein natürliches, universales, verborgenes Phänomen zu sein, sobald zwei oder mehr Menschen zusammen sind. In Extremfällen »zapft« die kranke Person andere Energiefelder an, »schlürft« sozusagen die Lebenskraft. Das ist kein Grund zu besonderer Beunruhigung, denn ein Therapeut, dem dies bewußt ist, kann seine Intentionalität kontrollieren und wird dafür sorgen, daß es sowohl seinem Klienten als auch ihm selbst gutgeht.

Nüchtern betrachtet muß man anerkennen, daß der ungewöhnliche therapeutische Austausch für beide Seiten befriedigend verläuft, denn der Akt des Heilens hat eine positive Seite. Es gibt die Menschen, die zum Wohle der anderen Energie frei projizieren können, indem sie etwa mit ihrem Charisma andere inspirieren. Dann gibt es die sogenannten »Anheizer«, die bei anderen die Phantasie und Aktivität entzünden können, zu einem selbstlosen Zweck oder aus Begeisterung für eine bestimmte Sache, zum Beispiel Selbstheilung, zu handeln.

All diese Abweichungen bei der menschlichen Energie können in den Heilungsakt eingebracht werden. Auch die Natur selbst stellt positive Abweichungen zur Verfügung, es braucht dazu keinen Menschen. Im alten Ägypten wußte man, daß Katzen ziemlich viel Prana haben; deshalb wurden sie in vielen Kulturen verehrt und geschützt. Hunden und Pferden sagt man nach, daß sie emotionale Verletzungen beim Menschen lindern und heilen können. Tiefseetauchen mit Delphinen oder neben einem Wal zu schwimmen und ihm tief in ein Auge zu schauen kann ein überwältigendes Gefühl des Einsseins mit dem Universum erzeugen. Elektromagnetische Becken auf der Erde, fließende Wasser, hohe Berge – sie alle können Energien bündeln, und in allen Kulturen wurden sie als heilsame und heilige Plätze verehrt.

Intentionalität als Kausalfaktor

Beim Therapeutic Touch hilft der Therapeut dem Klienten, wieder in seine Mitte zurückzufinden. Dieser Rebalancing-Prozeß impliziert eine Reihe von Energieverschiebungen bzw. ein Re-Patterning der Lebensenergie. Bis jetzt gibt es für diesen Energietransfer keine wissenschaftliche Erklärung, aber eine mögliche Analogie: Es ist in der Physik allgemein bekannt, daß die elektrische Ladung zwischen zwei Objekten im nicht-physischen Feld um die Objekte herum übertragen wird, ob nun ein physischer Kontakt besteht oder nicht. Die Erklärung? Die Elektronen auf der äußersten Bahn auf der Molekularebene sind nur sehr lose miteinander verbunden und können deshalb ganz einfach »umquartiert« werden. Dabei nehmen sie die elektrische Ladung ohne physikalische Brücke mit sich durch den Raum. Dies passiert bei physikalischen, trägen Objekten genauso wie bei Nervensynapsen (auch das ist ein »leerer Raum«) im Körper. Bei der Prana-Übertragung zwischen den Energiefeldern von Therapeut und Patient passiert im Therapeutic Touch analog etwas Ähnliches.

Ausgelöst wird dieser Transfer im Therapeutic Touch durch die Intentionalität des Heilers. Intentionalität hat – wie bereits erläutert – sowohl etwas mit dem Willen zu tun als auch mit einem konzipierten Ziel, wie etwas passieren könnte. So gesehen ist Intentionalität kausal und nicht einfach ein »Faktor X«. Die nächste Übung »Erforschung des Selbst, Teil 12: Die persönliche Arbeit mit Intentionalität«, soll einen objektiven Umgang mit Intentionalität ermöglichen.

ERFORSCHUNG DES SELBST, TEIL 12
Der persönliche Umgang mit Intentionalität

Sie sollten für diese Übung eine halbe Stunde Zeit einplanen. Nehmen Sie die Fragen auf einem Kassettenrecorder auf und lassen Sie genügend Pausen dazwischen, damit Sie nachher Zeit haben, die Fragen zu beantworten. Beachten Sie: Es gibt für diese Übung mehrere alternative Möglichkeiten.

Material: Das »Deep Dee«-Formular, einen Stift, einen Kassettenrecorder.

Die Übung:

1. Das Formular und der Stift liegen in der Nähe. Sie zentrieren sich und haben dann zwei Möglichkeiten:
Erinnern Sie sich daran, wie Sie vor kurzem Therapeutic Touch anwendeten. Stellen Sie sich die Szene klar vor, vor allem sich selbst. Versuchen Sie, sich mit dem damaligen Bewußtseinszustand zu identifizieren.
Oder Sie lernen die folgenden Fragen auswendig und beantworten Sie, wenn Sie tatsächlich bei einem Patienten Therapeutic Touch anwenden.
2. In der Rebalancing-Phase versuchen Sie, das, was Sie tun, objektiv zu erfassen, und stellen sich die folgenden Fragen. Sie sind dabei weiterhin im Therapeutic-Touch-Prozeß involviert:
Wie setzen Sie Intentionalität ein? Bevorzugen Sie beispielsweise eine bestimmte Methode? Einen bestimmten geistigen Rahmen? Ein Ritual?
Was nehmen Sie in sich selbst zu Hilfe, wenn Sie mit Intentionalität arbeiten? Ihre Intuition? Ein Gebet? Das Höhere Selbst?
Stimmen Sie sich auf etwas ein, wenn Sie mit Intentionalität arbeiten? Wie würden Sie es beschreiben?
Was passiert zu diesem Zeitpunkt sonst noch?
Wie stellen Sie sicher, ob Sie Ihr Ziel erreicht haben?
3. Nach dem Rebalancing nehmen Sie das »Deep Dee«-Formular und beantworten die Fragen.
4. Dann lesen Sie all Ihre Antworten auf einmal durch. Möglicher-

weise gehen Ihnen dabei noch weitere Gedanken durch den Kopf. Schreiben Sie sie einfach kurz an den Rand nieder, damit Sie sie später noch einmal durchgehen können.

5. Wenn Sie diese Übung mit jemand anderem durchgeführt haben, können Sie jetzt über Ihre Erfahrungen sprechen und sie miteinander vergleichen. Welche Ähnlichkeiten, Unterschiede gibt es? Kommen Ihnen vielleicht neue Ideen zum Prozeß der Intentionalität?

6. Verstehen Sie jetzt besser, wie Sie Intentionalität einsetzen? Finden Sie Gründe für die Behauptung, daß Intentionalität kausal/ nicht kausal ist.

Mit Intentionalität kann sich vieles verändern, wenn man bewußt, sinnvoll und zielorientiert damit arbeitet. Dann wird im Therapeutic-Touch-Prozeß das Rebalancing zu einem wohlüberlegten Akt voller Rücksichtnahme. Diesen inneren Prozeß kann man objektiv erfassen, zum Beispiel in Experimenten mit dem EEG (Elektroenzephalogramm) (Krieger, Peter und Ancoli, 1979).

Im Therapeutic Touch wird Intentionalität durch das Visualisieren kausal; dieser Prozeß ist eng mit der kreativen Imagination verwandt und hat wie diese nichts mit Phantasieren zu tun. Er läuft in den drei im folgenden beschriebenen Phasen ab oder gleichzeitig mit der Therapeutic-Touch-Einschätzung des Klienten:

1. Der Therapeut baut ein Feld aus, dessen Anordnung in der Therapeutic-Touch-Einschätzungsphase bestimmt wird.

2. Mit der Entscheidung, wie der Heilakt aussieht, läßt der Therapeutic-Touch-Therapeut auch seine Intentionalität entsprechend arbeiten.

3. Gleichzeitig visualisiert der Therapeut, welchen Verlauf die Heilenergien nehmen, und führt sie zum Ziel.

Ganz entscheidend ist es, daß das Visualisieren dynamisch und aktiv verläuft, was durch eine starke, positive Emotion unterstützt wird, zum Beispiel Liebe, Mitgefühl oder Altruismus. Wenn sie erst einmal ausgelöst worden sind, können solche Gefühlszustände spontan hochsprudeln, aus der Quelle des höchsten Ideals, dessen Signatur als Schwingung in Form von Licht oder einem Bild bewußt wird und den Augenblick lebendig macht. Wer in ruhiger

Zentriertheit verweilen kann, nicht von seiner Intentionalität abweicht und dabei sensibel die Reaktionen seiner höheren Chakren aufnimmt, kann ein unvergleichliches Gefühl spüren, welche Rolle er in diesem Augenblick des Heilens spielt und was das bedeutet. Man erkennt, daß die Chance, zu helfen oder zu heilen, ein seltenes Privileg auf dem Weg der Selbsterkenntnis, der Selbstverwirklichung der Kraft des Mitgefühls ist.

Das kann eine Gnade sein, genauso gut ist es aber auch harte Arbeit, im Dienst am anderen sich auf den Prozeß zu konzentrieren. Meistens wird der Lebensenergiefluß direkt im Energiefeld des Klienten moduliert und geleitet, also ohne Körperkontakt. Genauso gut hat der Therapeut vielleicht das Bedürfnis, eine oder beide Hände auf den Körper des Patienten zu legen und sich durch ein Handchakra zu »ankern«. In beiden Fällen wird mit dem zweiten Handchakra gleichzeitig der Fluß der Energie moduliert und geleitet; dabei konzentriert sich der Heiler intensiv auf die Visualisierung des Energietransfers. Das hat nichts mit physischer Kraftausübung zu tun, sondern ist vielmehr ein Attribut des mentalen Feldes durch den Akt der Intentionalität.

Die Intentionalität als Kraft hinter den Therapeutic-Touch-Techniken

In der Praxis des Therapeutic Touch sind Sanftheit, Symmetrie und vor allem kontinuierlicher Rhythmus entscheidend. Schnelles Arbeiten beispielsweise ist nicht unbedingt rhythmisch. Prana ist ein Aspekt des Vayu, und Rhythmus ist ein wesentliches Charakteristikum davon. Modern ausgedrückt, entspricht Vayu einem universalen Feld (*tattva*, Sanskrit), ähnlich dem elektromagnetischen Feld. So gesehen ist Prana ein geeignetes Testobjekt für dieses Feld, so wie Eisenspäne für das elektromagnetische Feld geeignet sind. Prana, als Testobjekt des Vayu, spiegelt ebenfalls dessen Rhythmus wider und bringt dieses Merkmal in die Therapeutic-Touch-Arbeit, das Leiten und Modulieren der Energie, mit ein.

Leiten impliziert ein regulierendes, führendes Eingreifen in den Energiefluß, und zwar durch mentale Intention. Modulieren ist ein

Abändern und kann alles mögliche sein: die Intensität der Lebensenergie verändern, den Energiefluß mildern, dämpfen, reduzieren oder anpassen. Sowohl das Leiten als auch das Modulieren kann sich auf die Energien des Therapeuten oder des Klienten beziehen. Ob es Unterschiede gibt, wird immer wieder diskutiert, denn die Interaktion zwischen dem Therapeutic-Touch-Therapeuten als menschlichem Unterstützungssystem und dem Klienten ist im Heilprozeß sehr komplex und schwer zu beschreiben, am ehesten wäre vielleicht noch der Ausdruck »in Resonanz« angebracht.

Das Modulieren und Umverteilen der Lebensenergie geschieht meist mit Hilfe der Intentionalität; so kann der Heiler die Intensität der Energie erhöhen oder abschwächen. In Gang gesetzt wird dieser Prozeß durch einen inneren Befehl, so direkt und einfach wie man der Stimme emotionale Qualität verleiht. Viele Therapeutic-Touch-Therapeuten arbeiten dabei gerne mit Visualisierungen und zusätzlich mit Farbe. Dabei soll die Farbe nicht die Veränderung bewirken, sondern vielmehr den Therapeuten (vgl. Tabelle 2) unterstützen. Ähnlich kann man mit Klängen, Stimmungen und Emotionen arbeiten.

Tabelle 2
Farbvisualisierung beim Modulieren der Energie
im Therapeutic-Touch-Prozeß

Visualisierte Farbe	Zweck	Beispiel
Königsblau	beruhigen	Bluthochdruck
Goldgelb	stimulieren, energetisieren, beschleunigen	Vergiftungen
Hellgrün	balancieren, energetisieren	große Schwäche
Klares Licht	Gelassenheit, Vertrauen	Panik, Furcht
Rosa	sanfte Liebe	emotionale Zustände, große Angst, Einsamkeit
Violett	spirituelle Unterstützung	Krisen, Kummer, Sterben

Modulation als Kunst des Therapeutic Touch

Diese Übung muß zu zweit durchgeführt werden; eine Person ist dabei der Therapeut, der andere der Patient. Der Therapeut projiziert durch Visualisierung nicht Lebensenergie an sich, sondern Farbe auf den Klienten.

Material: »Deep Dee«-Formular, einen Stift, eine Blutdruckmanschette und ein Stethoskop (optional), Stuhl.

Die Übung

1. Der Patient sitzt auf dem Stuhl, der Therapeut steht daneben.
2. Zu Beginn der Sitzung mißt der Therapeut eine Minute lang den Puls und – soweit entsprechende Geräte vorhanden sind – den Blutdruck des Patienten. Das Ergebnis wird notiert.
3. Therapeut und Patient zentrieren sich.
4. Der Therapeut führt eine Therapeutic-Touch-Einschätzung durch und schreibt das Ergebnis kurz auf.
5. Dann zentriert er sich noch einmal und moduliert die Lebensenergie des Patienten; mit Königsblau wird die Energie, die er auf den Klienten projiziert, »gefärbt«, um einen beruhigenden Effekt zu erzielen. Der Therapeut baut dazu ein Feld über dem Herzchakra des Patienten auf, füllt es mit seinem Gefühl des Königsblau, also mit einer Simulation, wie diese Farbe bzw. dieses Licht durch seine Schwingungen, damit assoziierte Erinnerungen, Emotionen, Gedanken etc. den Körper beeinflußt.
6. Nach zwei bis drei Minuten wird über den Halsschlagadern beidseitig des Nackens ein Feld aufgebaut und zwei, drei Minuten lang mit Königsblau »behandelt«.
7. Dann werden noch einmal Puls und Blutdruck gemessen.
8. Wenn die Werte nicht sehr viel zurückgegangen sind, werden die Schritte 5 und 6 noch einmal durchgeführt und die Ergebnisse notiert.
9. Jetzt können beide, Therapeut und Patient, auch ihre subjektiven Erfahrungen niederschreiben.
10. Die Übung wird mit vertauschten Rollen noch einmal durchgeführt.

11. Nach dem Aufschreiben tauschen Therapeut und Patient ihre Erfahrungen aus. Was haben sie neu über das Modulieren der Lebensenergie dazugelernt?

Glätten des Energiefeldes als besonderer Akt der Intentionalität

Auch das »Glätten« (Krieger, 1993) ist ein Modulieren der Lebensenergie im Therapeutic-Touch-Prozeß; es hat mit einer spezifischen Form von Intentionalität zu tun. Die Handbewegungen sehen vielleicht ähnlich aus, aber darunter gibt es feine Unterschiede bei der Intention dieser Gesten. In der Welt der nicht-physischen Lebensenergien wird subtiles Repatterning sehr viel stärker durch fokussierte Intention als durch physische Bewegungen wie Stoßen, Ziehen etc. erreicht. Je nach Nuance kann das Glätten im Therapeutic Touch verschiedenen Zwecken dienen.

Eine der Hauptaufgaben des Glättens ist es, die bereits vorhandenen Lebensenergieströme im System des Klienten zu fördern. Man kann damit den Energiefluß anregen, um auf diese Weise mehr Prana in das Feld hineinzupumpen, oder – mit anderer Intentionalität – den Grundrhythmus im Feld wiederherstellen; dabei wird der Energiefluß »geglättet« und Unebenheiten beseitigt. Richtig eingesetzt, kann man mit dieser Technik bei Übelkeit und Erbrechen Linderung verschaffen und auch die oft damit verbundene Angst mildern; an die Stelle dieser Symptome tritt dann eine erfrischende Entspannungsreaktion. Wieder entscheidet die Art der Intentionalität: Mit nur leicht veränderten Bewegungen kann der Heiler »kranke« Energiemuster aufbrechen, zum Beispiel bei Anzeichen von energetischer Verstopfung, die auf nach innen gerichtete, statische Depressionsmuster hinweisen. Auch unausgeformte, überaktive Energie bei Menschen mit unnatürlich hohem Blutdruck kann damit behandelt werden. Die beiden letzten Beispiele mit sehr unterschiedlichen Reaktionen sprechen deutlich dafür, daß die Intentionalität hinter der Technik entscheidend ist. Noch wissen wir wenig darüber, wie das vor sich geht. Doch man

134

braucht nicht viel Phantasie für die Überlegung, ob dieser humanisierten Aktion aus der Distanz nicht ähnliche Phänomene zugrunde liegen wie beispielsweise physischen Aktionen wie beim Basketballspielen oder beim Billard, wenn der Spieler mit Intentionalität und »Körpersprache« den Ball so zu lenken versucht, daß er sein Ziel erreicht. Das Glätten geht oft Hand in Hand mit anderen Formen des Modulierens einher. So führt die Kombination mit Königsblau zum Beispiel bei erhöhter Temperatur oft zu einem dramatischen Rückgang des Fiebers; leicht veränderte Gesten in Kombination mit Goldgelb können bei Knochenbrüchen die Heilung beträchtlich beschleunigen; die Genesungszeit ging in manchen Fällen von durchschnittlich sechs auf zweieinhalb Wochen zurück. All diese Handbewegungen sind eine direkte Reaktion auf die spezifische Intentionalität des Heilers, aber genauso stellen sie sensible Reflektoren von Emotionen und Gedanken dar. Sanfte, beruhigende Gesten können den Energiefluß beruhigen, kraftvolle Bewegungen stimulieren ihn. Fegende, weitausholende Bewegungen können Muster aufbrechen bzw. herausreißen. In jeder Bewegung der Hände, der Arme oder Beine zeigt sich deutlich die Intentionalität des Therapeuten.

Das Glätten wirkt auf den Klienten entspannend. Der Therapeut löst Energieblockaden, und mit schwindender Angst wird offensichtlich auch mehr Prana aufgenommen. Der Klient nimmt diesen kontinuierlichen Energiefluß in sich auf, die Symptome verschwinden, und sein Immunsystem wird gestärkt und mit neuer Kraft aufgeladen.

Die Entspannungsreaktion und ihre Auswirkungen

Zuverlässige, klinisch untersuchte Reaktionen auf eine Therapeutic-Touch-Behandlung hängen anscheinend mit vier grundlegenden Faktoren zusammen:

- tiefe, schnelle Entspannungsreaktion,
- beträchtliche Schmerzlinderung,

- beschleunigter Heilprozeß,
- Linderung von psychosomatischen Symptomen.

Diese verläßlichen Wirkungen haben dazu beigetragen, daß die Therapeutic-Touch-Methode inzwischen in mehr als 75 Ländern in der medizinischen Ausbildung Eingang gefunden hat. Bereits die Entspannungsreaktion allein genommen hat eine tiefgreifende Wirkung: Die peripheren Blutgefäße werden erweitert, Reaktionen des sympathischen Nervensystems gedämpft, das Immunsystem angeregt. Deshalb ist Therapeutic Touch bei Schock oder traumatischen Ereignissen so hilfreich, sei das nun in der Notaufnahme, bei der Ambulanz und in Rettungseinheiten, bei der Bergwacht, bei der Feuerwehr oder auf der Intensivstation im Krankenhaus. Man kann vor der Gabe von Narkosemitteln vor schwierigen Operationen, vor und während der Geburt und vor angsteinflößenden Eingriffen wie Venipunktion und Lumbalpunktion mit Therapeutic Touch arbeiten. Therapeutic Touch verstärkt außerdem die Wirkung von Schmerz- und Beruhigungsmitteln, nimmt Angst und unterstützt erholsamen Schlaf. Auch Symptome bei Störungen des autonomen Nervensystems werden gelindert.

Wirksamkeit des Therapeutic Touch bei der Streß-Regulierung

Therapeutic Touch ist in vielen Bereichen hochwirksam, ganz besonders bei Streß, der ursächlich hinter vielen psychosomatischen Erkrankungen steckt. Seine weitreichenden Symptome beeinträchtigen viele physiologische Systeme, verändern die neurophysiologische Aktivität, das Gleichgewicht des Hormon- und des Immunsystems, Blutzufuhr und Blutdruck, die Atmungsrate sowie Atemmuster und die Verdauung. Dora Kunz' Studien haben ergeben, daß hoher Streß auch die Prana-Aufnahme sehr beeinträchtigt, was wiederum zu Erschöpfungssymptomen führt. Wer längere Zeit unter Streß steht, muß mit den obengenannten Veränderungen seiner physiologischen Systeme rechnen. Auch psychisch zeigt Streß seine Auswirkungen; die aufgestauten Spannungen werden immer mehr und können nicht abgebaut werden, die Person fühlt sich in der Falle und gelangweilt. Wer längere Zeit in dieser Unentschlossenheit verharrt, ist anfällig für Verwirrtheit, Angstzustände und im Extremfall für Depressionen.

Therapeutic Touch beim Chronischen Müdigkeitssyndrom

Die Symptome beim Chronischen Müdigkeitssyndrom ähneln denen des Streß. Diese Störung hat inzwischen epidemische Ausmaße angenommen. Das Chronische Müdigkeitssyndrom (Chronic Fatique Syndrome, CFS) wird mit dem Epstein-Barr-Virus der 70er und 80er Jahre in Verbindung gebracht, und offensichtlich gibt es auch einen Zusammenhang mit der *Mononucleosis infectiosa* aus den 50er Jahren (oder sogar noch früher). Wer die Symptome dieser beiden Erkrankungen kennt, hat beim Chronischen Müdigkeitssyndrom eine Art »Déjà-Vu«-Erlebnis; die heimtückischen Anzeichen werden oft gar nicht so ernst genommen. Meist kommen mehrere Kleinigkeiten zusammen, die man zunächst gar nicht bewußt wahrnimmt: Kopfschmerzen, Infektionen der oberen Luftwege, chronische Halsschmerzen, Schlafstörungen, erhöhte Temperatur tagsüber, allgemeine Muskel- und Gelenkschmerzen, vor dem Hintergrund wachsender Müdigkeit und Erschöpfung, die zu Gereiztheit und Stimmungsschwankungen führt. Die andauernde Müdigkeit ist ständiger Begleiter und löst Dauerstreß aus. Verdauungsprobleme machen sich bemerkbar, auch die Lymphknoten schwellen manchmal an, und das führt zu noch mehr Angst. Zeitweise leidet der Betroffene an Gedächtnisverlust und Depressionen. Er hat das Gefühl, die chronische Müdigkeit verschwindet überhaupt nicht mehr, sie beeinflußt seine Selbstwahrnehmung. Und so fragt er sich immer wieder: »Wer bin ich? Ich bin krank und müde. Immerzu bin ich krank und müde. Es war in der Vergangenheit so, und es wird wohl immer so sein. Ich hab's satt, immerzu krank und müde zu sein. Aber das bin ich. Das ist mein Selbst.«

Wie kann die Hilfe ansetzen? Am besten langsam und bedacht. Wer sich die Symptome des Chronischen Müdigkeitssyndroms einmal genauer ansieht, stellt beeindruckt fest, daß sie sich zwar ganz banal anhören, aber dennoch größere Störungen der wichtigen Körpersysteme anzeigen. Der Körper ist instabil, Energiereserven sind aufgebraucht, und die Selbstheilungskräfte sind völlig überfordert. Man kann keinen Bazillus dafür verantwortlich machen, und es gibt auch kein Zaubermittelchen auf Rezept. Chronische Erschöpfung ist außerdem bei vielen anderen Störungen symptomatisch: Anämie, Schilddrüsenstörungen, Autoimmunkrankheiten, neurologische Störungen, chronische Infektionen, Depressionen, Malignität. Deshalb ist Vorsicht angebracht. Es gibt auch Trigger-Faktoren, die das Symptom auslösen können: Magnesiummangel, Hypoglykämie, Lebensmittelallergien, Hefeinfektionen (Lewis, 1996). An diesem Punkt setzt die »harte Arbeit« des Therapeutic-Touch-Therapeuten mit dem einzelnen Patienten und dessen individuellem Krankheitsbild an.

Zwei Dinge würde ich bei diesem Problem auf keinen Fall tun. Das Chronische Müdigkeitssyndrom ist ein kompliziertes Krankheitsbild mit vielen Facetten; deshalb würde ich mir nicht anmaßen, es ganz alleine zu heilen. Viele Bereiche des Patienten sind von der Vielzahl der Symptome betroffen. Zunächst einmal gibt es die primär körperlichen Symptome wie hartnäckige Kopfschmerzen, Muskel- und Gelenkschmerzen, Verdauungsstörungen. Auf der emotionalen Ebene leidet der Patient unter Schlafstörungen, großer Gereiztheit bis hin zu Angstzuständen und Depressionen. Konzentrationsstörungen, die dauernde Müdigkeit (»ich bin zu müde, um noch zu denken«) sind Symptome auf der mental-intellektuellen Ebene; sie führen zu einer rastlosen Langeweile. Mangelndes Selbstvertrauen und damit verbunden ein Gefühl der Sinnlosigkeit beeinträchtigen auch die spirituelle Entwicklung. Allzuoft kommt eine Unfähigkeit zutage, enge Beziehungen mit anderen einzugehen, was wiederum in immer stärkere Isolation führen kann.

Ich würde kompetente Partner aus anderen Gesundheitsbereichen zu Rate ziehen bzw. den Patienten überweisen. Gleiche Ziele und Teamarbeit sind wichtig, um dem Patienten wirklich zu helfen. In jedem Fall würde ich folgende Heilansätze integrieren: Akupunktur, Massage, Meditation und Atemübungen, zum Beispiel Pranayama, Naturheilkunde bzw. Homöopathie. Es sollten die Besten ihres Faches sein, denn beim Heilen ist Mittelmäßigkeit nicht

138

angebracht. Zunächst sollte man eine dreiwöchige Behandlung ansetzen, um dann gemeinsam zu besprechen, wie gut die Behandlung anschlägt; vor allem der Patient muß dazu seine Meinung äußern. Wenn sie stimmig ist, sollte man die Therapie weitere drei Wochen fortsetzen und dann das Programm neu bewerten und langfristige Ziele festlegen.

Zweitens sollten die Therapeutic-Touch-Techniken aus Tabelle 3 nicht alle gleichzeitig angewandt werden. Für die ersten drei Sitzungen reicht eine kurze, sanfte Behandlung. Damit hat der Therapeut auch genügend Zeit, um das Lebensenergiefeld seines Patienten, seine Dynamik und seine Reaktionen auf die Therapeutic-Touch-Behandlung gründlich kennenzulernen. Danach kann man – mit bis zu drei Sitzungen pro Woche – in die Tiefe gehen. Der Patient sollte in dieser Zeit eine Art Tagebuch führen, was dann zu Beginn jeder Sitzung gemeinsam kurz durchgegangen wird. Diese fünf bis zehn Minuten lohnen sich, denn der Therapeut gewinnt damit wertvolle Einsichten, lernt seinen Patienten besser kennen und kann die Behandlung dann maßgeschneidert gestalten und so auf ausgesprochene oder auch nicht ausgesprochene Bedürfnisse reagieren. Mit Hilfe eines Flußdiagramms kann der Therapeut diese ersten Sitzungen und auch die geeigneten Therapeutic-Touch-Techniken festhalten (vgl. Tabelle 3).

Die Informationen in Tabelle 3 sollen kein Rezept darstellen; bestenfalls zeigen sie ein paar Hauptaspekte des Problems auf, die bei der Therapeutic-Touch-Behandlung berücksichtigt werden sollten. Letztendlich entscheidet die individuelle Therapeutic-Touch-Einschätzung, was in der Rebalancing-Phase bearbeitet werden sollte. Außerdem ist die Kombination von bestimmten Therapeutic-Touch-Techniken bei bestimmten Symptomen ohne den Kontext anderer Faktoren schlichtweg kein gangbarer Weg. Und ganz besonders sollte immer die Person »als Ganzes« behandelt werden. Doch was bedeutet dies?

Die Person als Ganzes

Aus persönlicher Erfahrung schlage ich vor, daß zunächst das Zentrieren des Bewußtseins geübt werden sollte, und man versucht, sich von der Therapeutic-Touch-Interaktion ein objektives Bild zu machen, zum Beispiel mit Hilfe des »Deep Dee«-Formulars, auf dem man subtile Vorgänge festhalten kann. Dies läßt uns darauf vertrauen, daß man auf die Person des Klienten als Ganzes, mit all seinen Fähigkeiten, Schwächen und seinem Potential für Wandel tatsächlich einen klaren Blick erhaschen kann. Natürlich muß man diese Sichtweise immer wieder korrigieren und erweitern; viel hängt von der persönlichen Einsicht ab; die innere Arbeit des Therapeuten läßt ihn auch ein klareres Verständnis für seinen Klienten gewinnen.

Tabelle 3: Therapeutic Touch-Techniken für erste Sitzungen beim Chronischen Müdigkeitssyndrom

Therapeutic-Touch-Technik	Symptome	Primärsitz
Leiten der Lebensenergie	erschöpftes Prana	Solarplexuschakra (oberhalb der Nebennieren)
	chronisches Halsweh	Lymphbahnen
	schwaches Immunsystem	Thymusdrüse
	Vergiftungserscheinungen	Milz-Leber-Shunt
	Reizbarkeit, Angstzustände, Depressionen	Herz- oder Solarplexuschakra
Modulieren der Lebensenergie	Erschöpfung Müdigkeit	*Goldgelb zum: Milz- und Solarplexuschakra, Grenzflächenmassage an den Nackenmuskeln

	Chronisches Halsweh	Lymphbahnen und Thymusdrüse
	Bedürfnis nach psychischer Unterstützung	°Rosa zum: Herzchakra
	Lymphknoten-schwellung	°Blau zu:
	Verdauungsprobleme	den wichtigstenLymph-knoten Solarplexuschakra
	Muskel- und Gelenkschmerzen	an den entsprechenden Stellen
	Kopfschmerzen	Halsschlagadern Nackenmuskulatur Solarplexuschakra
	Schlafstörungen	Hals- und Herzchakra
	Vergiftungs-erscheinungen/ Verschlackung	°Grün zu: Milz und Leber
	Zeitweiser Gedächtnisverlust	°Violett zu: Herzchakra
	Spirituelle Loslösung	alle oberen Chakren
Glätten der Lebensenergie	erhöhte Temperatur	ganzer Körper, plus Modulieren mit Blau
	Muskel- und Gelenkschmerzen	alle entsprechenden Stellen, dann Richtung Arme bzw. Beine
	Emotionale Probleme	Herz- und Solarplexus-chakra
	Lymphknoten-schwellung	vom Lymphknoten aus zum Arm bzw. Bein

Das Innere Selbst anerkennen

Im Zentrum des Therapeutic Touch steht als Kraftquelle das zentrierte Bewußtsein. Deshalb versucht der Therapeutic-Touch-Therapeut, über die gewöhnliche Sicht der Dinge, wie diese sind, hinauszugehen und sich auf die Perspektive seines Inneren Selbst einzustellen. Dieser Versuch, das persönliche Potential für einsichtsvolles und kreatives Heilen im Dienste der anderen zu verwirklichen, macht auch das eigene Wandlungspotential sichtbar; der Wandel zeigt sich im persönlichen Alltag des Therapeuten genauso wie in der Therapeutic-Touch-Interaktion. Damit erreicht man zweierlei. Zum einen spiegelt sich durch ein engagiertes Zentrieren des Bewußtseins das innere Leben auf subtile Weise im Alltag; dies sollte der Therapeut zumindest sich selbst gegenüber anerkennen. Zum anderen kann er einen Schritt weitergehen und erkennen, daß auch der Klient ein Inneres Selbst besitzt, und entsprechend handeln. Anders ausgedrückt lautet mein Vorschlag: Während der Therapeutic-Touch-Interaktion, in tiefer Zentrierung und in Kontakt mit seinem Inneren Selbst, kann der Therapeut seine Intentionalität einsetzen und versuchen, mit dem Inneren Selbst des Klienten von Geist zu Geist zu kommunizieren.

Mit Intentionalität Zugang zum Inneren Selbst gewinnen

Dieser Prozeß läßt sich nur schwer in Worten beschreiben, doch grundsätzlich spielen zumindest zwei Faktoren mit. Der Therapeut braucht erstens ein verläßliches Gespür für diese innere Verbindung und muß zweitens unbedingt in der Lage sein, dieses Verständnis in eine klare Kommunikation von Geist zu Geist umzusetzen, mit dem ähnlich wahrgenommenen Bewußtseinszustand des Klienten.

»Klare Kommunikation« ist hier das Schlüsselwort. Der Prozeß läuft ähnlich wie mentale Telepathie ab. Doch am allerwichtigsten dabei ist die Motivation, aus der heraus die Botschaft übermittelt wird. Denn das Bewußtsein des Klienten nimmt vielleicht nur ein flüchtiges Gefühl wahr, und es kann sehr beunruhigend sein, wenn man die Emotionen eines anderen in bezug auf sein eigenes Wohlergehen wahrnimmt.

Die innere Arbeit in dieser Geist-zu-Geist-Kommunikation besteht in einer Botschaft an das Innere Selbst des Klienten; dem kann ein einfacher Gruß ohne Worte vorausgehen, eine Botschaft, daß man die Gegenwart des anderen wahrnimmt. Dann bittet man den Klienten um seine Unterstützung im Heilprozeß. Man bekommt vielleicht nicht heraus, was der Klient selbst von seiner Krankheit hält. Doch die Kommunikation kann auf keinen Fall Schaden anrichten, wenn sie richtig ausgeführt wird, und deshalb sollte es einen Versuch wert sein. Wenn Therapeut und Patient gemeinsam zum Wohle des Patienten arbeiten, kann die Heilung sehr effektiv und erstaunlich schnell vonstatten gehen. Das hat nichts mit Zauberei zu tun, sondern spricht vielmehr für die Idee, daß jede Art von Heilung mit Selbstheilung zu tun hat.

Die Selbstheilung unterstützen

In der Therapeutic-Touch-Rebalancing-Phase kommen die in Tabelle 3 aufgeführten Techniken ins Spiel. Zunächst ist die Symptomatik des Chronischen Müdigkeitssyndroms beängstigend. Doch wenn man sich die vorgeschlagenen Techniken ansieht und sich dann bei jeder Technik auf die einzelnen Symptomgruppen konzentriert, wird klar, daß aus der Sicht der Therapeutic-Touch-Methode – die sich nur mit dem menschlichen Energiefeld und seinem Einfluß auf die Körperfunktionen und Verhaltensweisen beschäftigt, nicht mit medizinischer Diagnose – die Symptome in jeder Gruppe große Ähnlichkeiten aufweisen, wenn man sie als funktionelles Ergebnis des Prana-Flusses im Körper des einzelnen betrachtet. Ein Beispiel: Beim »Leiten der Lebensenergie« ist bei allen aufgeführten Symptomen die Notwendigkeit erkennbar, das erschöpfte Prana wiederaufzufüllen, zu stimulieren oder zu entgiften und ein energetisches Gleichgewicht herzustellen. Damit erhält man einen Hinweis darauf, was beim Prana-Fluß systematisch falsch läuft, und dadurch auch gleichzeitig eine Möglichkeit, wie diese Abweichungen wieder rebalanciert werden können, und zwar ganzheitlich. Dabei spielt der Patient die Hauptrolle in der Selbstheilung.

Um den Selbstheilungsprozeß zu unterstützen, hat es sich als nützlich erwiesen, den Patienten – der meist unter dem Einfluß der tiefen, schnellen Entspannungsreaktion der Therapeutic-Touch-Behandlung steht – nach der Sitzung zehn oder fünfzehn Minuten lang sich ruhig hinsetzen oder -legen zu lassen. Der Therapeut kann ihn dabei mit einer leichten Decke zudecken; es kann durchaus vorkommen, daß er dabei einschläft, aber Schlaf ist die beste Unterstützung im Genesungs- und Selbstheilungsprozeß.

Im Mikrokosmos zeigt sich der Inbegriff des Therapeutic-Touch-Prozesses zum Beispiel folgendermaßen: Der Therapeut arbeitet an seinem Mitgefühl für die Bedürfnisse des Klienten und strebt danach, seine inneren Fähigkeiten im Heilungsprozeß bewußt zu verstehen und einzusetzen. Der Klient fühlt sich durch das menschliche Unterstützungssystem des Therapeuten sicher und geborgen, kann sich entspannen, vielleicht auch schlafen und sich so offen machen für den Heilprozeß. Damit erhält das tiefe Unbewußte die Möglichkeit, mit dem Inneren Selbst zu seinem Wohle zusammenzuarbeiten. Der Patient lernt so, sein eigenes Selbstheilungspotential zu würdigen; er hat nun die Chance, den Wandel, den die Therapie und der Heilungsprozeß ihm bieten, anzunehmen und umzusetzen. Der Therapeutic-Touch-Therapeut wiederum erhält die Chance, sein inneres Potential im Dienste am Nächsten zu verwirklichen. Er kann erkennen, wie in diesem Prozeß auch seine eigene Entwicklung gefördert wird und welche Bedeutung diese innere Arbeit hat. Und nicht zu vergessen: Er erhält eine weitere Chance, eine Antwort auf die Frage zu finden: *Warum möchte ich ein Heiler sein?*

Kapitel 8
Die natürliche Therapeutic-Touch-Verbindung

Manche Menschen wissen ziemlich genau, welche Chakren sie in welchen Situationen einsetzen. Als Kind waren Bäume meine besten Freunde. Als ich dann älter wurde, trat ich mit ihnen in Gedankenkontakt mit bestimmten »Körperteilen«, zum Beispiel dem Hals. Doch erst als ich mich mit dem bewußten Einsatz von Chakren beim Heilen auseinandersetzte, wurde mir richtig klar, welch ein spezielles Bewußtsein jedes einzelne Chakra hat. Zwischen der Baumart, mit der ich als Kind »redete«, und dem Chakra, über das ich kommunizierte, bestand eine direkte Verbindung.

Ich war der Meinung, daß dies eine persönliche, versponnene Idee von mir war. Doch vor ein paar Jahren hatte ich das Vergnügen, einen der mächtigsten und bekanntesten Hexendoktoren in Afrika kennenzulernen, Credo Vusa' Mazulu Mutwa. Er ist auch ein Künstler und Literat (Mutwa, 1969). Acht seiner Schüler demonstrierten mir, was sie von ihm gelernt hatten, und beantworteten meine Fragen. Wir vertieften uns in unsere Unterhaltung, und Credo und ich fanden heraus, daß wir einige Heil- und Lehrerfahrungen gemeinsam hatten. Wir diskutierten darüber, wie man seine Sensibilität gegenüber allen Lebensformen entwickeln kann, und sprachen auch über die Beziehung zwischen dem eingesetzten Chakra und der Baumart, mit der man kommuniziert. Eine meiner Schülerinnen nahm das Gespräch, das in Soweto, einem Vorort von Johannesburg, stattfand, auf Band auf. Ein Auszug daraus wird im folgenden wiedergegeben. Es ging dabei um die Wirkung menschlicher Emotionen auf Pflanzen.

D: Ich möchte Sie gerne etwas fragen: Kommunizieren Sie mit Pflanzen und Bäumen? Können Sie mit verschiedenen Körperteilen mit bestimmten Pflanzen und Bäumen in Verbindung treten? Im Nordosten der Vereinigten Staaten, wo ich lebte, gibt es zum Beispiel viel Hartholz, und wenn ich mit den Bäumen re-

145

dete, tat ich das mit diesem Teil hier, direkt über bzw. außerhalb des Halses.

C: Aja! Ja, Professor.

D: Ich würde wirklich sehr gerne mit Ihnen darüber sprechen. Ganz im Westen meines Landes gibt es sehr alte Bäume, die Sequoias.

C: Ja, die Sequoias; ich bin dort gewesen.

D: Ja, zum Beispiel in den Muir Woods in der Nähe von San Francisco. Wenn ich dort bin und meditiere und versuche, mit den Sequoias in Kontakt zu kommen, kommuniziere ich von hier aus, der Stelle oben am Kopf, die im Sanskrit *Sahasrara* heißt, das Scheitelchakra.

C: (lacht).

D: Und wenn ich in der Wüste bin und mit dem großen Kaktus kommunizieren will... dann geht das seltsamerweise über das Solarplexuschakra. Sie machen das anscheinend genauso, nach Ihrem Gesichtsausdruck zu urteilen (lacht). Das wollte ich Ihnen mitteilen.

C: Sehen Sie, Professor, sagen wir mal, ich rede mit einem der großen Bäume, hier in der Nähe. Meine Füße fühlen sich kühl an, ungefähr hier, in den Beinen (deutet auf Nebenchakren in den Beinen). Je tiefer die Kommunikation wird, desto kühler fühlt es sich an. Genau das gleiche, was Sie fühlen. Dieser Baum stammt ursprünglich nicht aus Afrika. Und mit diesem Baum hier behandeln wir Rheumatismus. Wenn ich mit diesem Baum reden will, kommt sein Geist nicht durch den Körper zu mir, sondern durch den Scheitelpunkt. Ich habe geglaubt, daß nur ich das so empfinde, aber anscheinend geht es auch anderen so.

Credo ließ für mich ein Halsband anfertigen, segnete es und überreichte es mir als Geschenk. Er gab mir auch einen Zulu-Namen, Uyezwa. Das bedeutet »sie, die versteht«. Dieser Name ist für mich eine Art Bestätigung, der mich daran erinnert, daß diese Erlebnisse real sind und ihre Echtheit auch von anderen bestätigt wird.

Das »Deep Dee«-Formular

Wie können wir mehr als einen flüchtigen Blick auf dieses persönliche Wissen erhaschen? Wie können wir wirklich wissen, daß diese inneren Erfahrungen tatsächlich Wirklichkeit sind? Die Wirklichkeit ist relativ, je nach Werten und Perspektiven. Dennoch kann man eine Art Klangkörper der Realität heraufbeschwören, mit dem man selbst starken Pragmatismus, der die Wirklichkeit in der Zeit strukturieren will, beschwichtigen kann. Das »Deep Dee«-Formular ist so eine Referenz.

Ursprünglich wurden diese Formulare als Schranke gegenüber den größten Feinden des Therapeutic Touch entwickelt, den vier »schlimmen Drachen«: Impuls, Phantasie, Übertreibung und Wunschdenken. Diese zerstörerischen Drachen müssen immer bewacht werden, denn sonst gelangen sie allzu leicht und gedankenlos in den Heilungsprozeß, wenn der Therapeut seine Verantwortlichkeit gegenüber Klient und Gesellschaft nicht wirklich ernst nimmt. Durch sie wird eine sensible Interaktion, ursprünglich als Hilfe gedacht, zu einer gedankenlosen, ja sinnlosen Farce, die durchaus Schaden anrichten kann. Als Gegenmittel dient das Aufzeichnen von Erfahrungen im jeweiligen Kontext und Moment. Dabei kann das »Deep Dee«-Formular helfen.

Der Name »Deep Dee« stammt von meiner Freundin Jeanne, einer meist übellaunigen Journalistin, die an Multipler Sklerose erkrankte. Eines Tages beschrieb sie nach einer Therapeutic-Touch-Sitzung die tiefgreifende Wirkung der Behandlung und bezeichnete sie spaßeshalber als »Deep Dee«. Der Ausdruck blieb hängen. Als ich dann meine inneren Erfahrungen während der Therapeutic-Touch-Interaktion in Worte fassen sollte, entstand das »Deep Dee«-Formular als Möglichkeit, meine persönlichen Erfahrungen objektiv darzustellen und meinen Schülern einen einfachen Führer an die Hand zu geben, mit dessen Hilfe sie ihre eigenen inneren Erlebnisse im Therapeutic-Touch-Prozeß niederschreiben und erinnern konnten.

Im »Deep Dee«-Formular sollen mehrere Aspekte der inneren Arbeit des Therapeuten festgehalten werden. Im ersten Teil des »Deep Dee«-Formulars, (vgl. Seite 31) wird erforscht, wie der Therapeutic-Touch-Prozeß in der Interaktion wahrgenommen wird.

Der im folgenden beschriebene zweite Teil des »Deep Dee«-Formulars ist eine Erweiterung des ersten Teils, um festzustellen, wie der Therapeut mit seiner inneren Sensibilität die kaum wahrnehmbare Arbeit der Lebensenergie erspürt. Mit dieser simplen Methode können Erfahrungen tief aus dem Innern aufgezeichnet und später analysiert und immer feiner auf ihre Quelle zurückgeführt werden. Wenn dieser bewußte Kontakt mit der Quelle menschlicher Energien einmal hergestellt ist, verstehen wir auch mit immer größerer Gewißheit, wie wir mit diesen Energien den Heilungsprozeß fördern können. Das »Deep Dee«-Formular ist vor allem geeignet, bewußte, objektive Erfahrungen, die man halbwegs leicht artikulieren kann, von der inneren, subjektiven Erfahrung zu trennen, mit der man auf den dynamischen Ausdruck der Lebensenergiesysteme »lauscht«. Letzteres zu beschreiben, ist eine ziemliche Herausforderung. Meist findet man dafür nur metaphorische Ausdrücke, wenn dieses subtile Erleben überhaupt in Worte gefaßt werden kann ... Meist hinterläßt es nur einen Eindruck und kein wahres Wissen. Die »Deep Dee«-Übung hilft dem Therapeuten, die weitreichende Ansammlung persönlichen Wissens zu erfassen, wenn sie in der Therapeutic-Touch-Sitzung spontan an die Oberfläche kommt, und sie für spätere Analyse und Klärung festzuhalten.

Die intentionale Arbeit mit den Chakren

Chakren kann man sich als nicht-physische Umformungs-Stationen in beide Richtungen vorstellen, in denen psychische Kräfte und physische Funktionen sich miteinander verbinden und vermischen. So sind die Chakren beispielsweise die Brennpunkte, in denen die Kräfte des lokalisierten universalen psychodynamischen Feldes gedämpft werden und die charakteristischen psychischen Ausdrucksmöglichkeiten des einzelnen Menschen annehmen.

Wie kann man nun am besten mit diesen Punkten in Kontakt treten, die für unsere menschlichen Funktionen so wichtig sind? Diese Kräfte machen das Mensch-Sein aus – das Gefühls-Gedanken-Kontinuum, das wir Emotionen nennen. Natürlich gibt es für diese Emotionen einen äußeren Ausdruck; doch wenn sie erst einmal benannt wurden, werden sie schnell vergessen; und hier bei uns im Westen gibt es nicht viele Menschen, die zu so tiefer Selbstanalyse fähig sind, daß sie diese Emotionen bis zu ihrer Quelle in der Psyche zurückverfolgen können.

Doch das autonome Nervensystem (ANS) ist empfänglich für den Augenblick des Fühlens-Denkens und hinterläßt seinen physiologischen Stempel lange genug, daß daraus ein bewußter Eindruck entstehen kann. Ein klassisches Beispiel: Wir wissen, wenn wir Angst haben, weil unsere Hände dann zu schwitzen anfangen, das Herz schneller schlägt und sich uns der Magen umdreht. Die Erinnerung an solche unmittelbaren Wirkungen, die dennoch sozusagen »aus zweiter Hand« kommen, lassen uns erkennen, wenn nicht sogar verstehen, daß es im Menschen dynamische Quellen gibt – die Chakren. Wenn man die Signale des ANS zurückverfolgt, erhält man eine gute Vorstellung von der Fülle dieser Emotionen, man versteht besser, wie die damit zusammenhängenden Chakren funktionieren, und ahnt, wie man diese Quellen »anzapfen« kann.

Beim Heilen kommt die Bedeutung durch den Prozeß des Heilens selbst; das Wissen aus der Erfahrung heraus liefert dazu den Kontext und tiefes Verständnis. Wie wir bereits gehört haben, kommen solche Hinweise oft durch bestimmte physiologische Veränderungen und Gefühle »aus dem Bauch« heraus ins Bewußtsein. Auch aus schlecht definierten und emotional geladenen Eindrücken aus dem Unbewußten und aus Gehirnstrukturen, die noch wenig erforscht sind, kommt Bewußtheit, oft verschlüsselt in Metaphern und Symbolen; manchmal erhellen sich diese Botschaften in Träumen und Ahnungen, durch wahre Einsicht und Intuition. Bei unserer Suche nach mehr Verständnis für die Natur der Chakren können wir uns darauf berufen; und der zweite Teil des »Deep Dee«-Formulars soll uns dabei helfen.

Ausdruck des Chakras: Wie gewinne ich Zugang zu dem Chakra:
                    »Stichwort«:   *Interpretation:*

A. Liebe (Herzchakra):

B. Frieden (Halschakra):

C. Mitgefühl (Inte-
   gration von Herz-
   und Halschakra):

   Damit verbundene
   Ideen: Selbstbewertung:

Die Arbeit mit dem »Deep Dee«-Formular, 2. Teil

Selbsterforschung des Herzchakras

Zunächst zentrieren Sie sich für ein, zwei Minuten. Dann denken Sie an jemanden, den Sie wirklich lieben. Senden Sie diesem Menschen Liebe und nehmen Sie dabei wahr, was mit Ihnen, auf der physischen und auf der nicht-physischen Ebene geschieht. Wie sich Liebe anfühlt, war Inhalt der Übung »Deep Dee«, 1. Teil (vgl. Seite 31). In dieser Übung versuchen Sie, über diese erste Wahrnehmung hinauszugehen und die besonderen Schwingungen zu ihrem Ursprung im Herzchakra selbst zurückzuverfolgen. Das Gefühl der Liebe, das durch Sie fließt, ist die Basis für das Identifizieren eines Ausdrucks des Herzchakras. Sie fragen sich: Woher kommt diese besondere Gefühlsnuance? Wie arbeiten seine Kräfte durch mich? Welche Lebensenergiezeichen finden sich über die essentielle Natur dieser Liebe, wenn ich sie zur Quelle zurückverfolge? Bleiben Sie mit diesem Fluß der Liebe in Verbindung und erfoschen Sie diesen Bewußtseinszustand in seinen Tiefen. Versuchen Sie nicht, dieser Erfahrung durch Ihre Erwartungen Struktur zu geben; Ihr Bewußtsein als sensible Sonde sollte die Möglichkeit haben, seine eigene Geschichte zu erzählen. Sie können Ihre

Erfahrungen kurz notieren. Bleiben Sie im Zustand konzentrierter Bewußtheit, aber ohne Anstrengung; Sie folgen dem Fluß der Liebe und »lauschen« aufmerksam.

Zu Beginn der Übung zentriere ich mein Bewußtsein. Ich schließe die Augen, damit ich einen noch klareren Zugang zum Gefühl der Liebe habe, und nehme einen starken, nach oben und außen gerichteten Energiefluß wahr. In diesem machtvollen Gefühl kann ich mir meinen Geliebten ganz einfach vorstellen, und dann geht es sehr schnell: Plötzlich habe ich dieses leichte, schöne Gefühl seiner Präsenz. Ich fühle mich eins mit ihm, eine süße, lustvolle Empfindung. Ich fühle zärtliche Zuneigung zu ihm. Dann merke ich, daß diese sanfte Stimmung nicht mehr nur auf ihn gerichtet ist; ganz leicht kann ich auch anderen zärtliche, sanfte Gedanken schicken. Die Liebe, die in mir hochsteigt, scheint keine Grenzen zu kennen. Sie fließt ohne Anstrengung durch mich, und ich lerne, diesen unaufhörlichen Fluß der Liebe so zu lenken, daß seine Intensität mich nicht überwältigt.

Erst nach einer Weile merke ich, daß offensichtlich auch das Scheitelchakra mit daran beteiligt ist. Wahrscheinlich deshalb, weil auch das bewußte Formen von Gedanken dazugehört. Für einen Moment lasse ich mich ablenken und dazu verführen, mit der Gedankenform zu spielen. Es ist keine echte Visualisierung, sondern eine bildliche Vorstellung, denn ich kann sie willentlich verändern, so wie ich will. In diesem Moment merke ich auch, daß ich die bewußte Verbindung zum Herzchakra verloren habe, und so fange ich von vorne an. Beim zweiten Mal ist es einfacher, den Fluß der Liebe wieder zu erfahren, und mit neuer Ausdauer verfolge ich ihn zurück zu seiner Quelle, dem Herzchakra. Ich kann diese Identität nur für eine kurze Zeit voll bewußt wahrnehmen, aber mit Hilfe der Erinnerung kann ich das Gefühl davon wieder abrufen.

Selbsterforschung des Halschakras

Im folgenden soll das Konzept des Halschakras anhand des Friedens-Konzeptes verdeutlicht werden. Wie immer beginne ich mit dem Zentrieren. Die Idee von Frieden ist in einem nach außen gerichteten, definitiv zielorientierten Fluß für mich spürbar. Es ist wie eine ansteigende, aber ruhige Welle, durchzogen von Selbstlosigkeit, Gelassenheit und Stille sowie dem Streben nach Gutem. Die dadurch entstehende Atmosphäre bietet Schutz und Toleranz, auch ein Gefühl von Angstfreiheit ist spürbar. In diesem Refugium habe ich die besondere Chance, meinen Gefühlen spontan und uneingeschränkt Lauf zu lassen und kreativ zu denken. Der kohärente Lebensenergiefluß, der die Essenz von Frieden repräsentiert, entspricht genau den Vorstellungen und Bildern, die ich davon habe. Ich fühle mich im Gleichgewicht, bin heiter und gelassen und sehe mich vor meinem geistigen Auge voller Schönheit wieder auf die Erde herabsteigen.

In diesem geerdeten Zustand spüre ich, daß meine Halsmuskeln und auch die kleinen Muskeln um die Augen und Ohren ganz entspannt sind. Der Moment ist völlig streßfrei, sein Rhythmus ist sanft moduliert und spiegelt das Gefühl ungestörter Ruhe wider, welches mein ganzes Wesen durchdringt – als ob sanft ein resonanter Ton angeschlagen worden wäre, dessen schwaches, melodiöses Echo in meinem Bewußtsein widerhallt. Schließlich geht diese Erfahrung über das bewußte Erfassen hinaus, aber läßt mich mit einem Gefühl ihrer harmonischen Präsenz zurück. Am lebendigsten ist der Eindruck, daß das Halschakra vor allem die Fähigkeit hat, mehrere Aspekte tiefer Emotionen zu integrieren und diesen damit Kohärenz und lebendige Ausdruckskraft zu verleihen.

Das Integrieren der beiden Chakren: die Erforschung des Mitgefühls

Jetzt möchte ich das Konzept des Mitgefühls erforschen. Zunächst stimme ich mich bewußt auf mein Inneres Selbst ein und beobachte dabei, was der Gedanke an Mitgefühl in meinem Lebensenergiefeld bewirkt.

Am einfachsten ist es, über die physiologischen Entsprechungen zu berichten, die physischen Auswirkungen, die die konzentrierte Einstimmung auf das Mitgefühl hat und die wohl eine direkte Beziehung zum dahinterstehenden Prozeß haben. Als erstes nehme ich meine Atmung wahr, die immer tiefer und voller wird. Meine Muskeln sind entspannt, ich fühle mich ruhig und wohl.

In meinem Hals steigen Emotionen hoch, einen Augenblick lang fühlt er sich voll an. Gleichzeitig strömen meine Herzenergien

»nach außen« zu dem bzw. den Menschen, denen ich dieses Mitgefühl entgegenbringe. Vor allem meine oberen Chakren sind koordiniert und dynamisch aufeinander eingestimmt. Der stetige, mächtige Fluß der Lebensenergie ist nach außen gerichtet; er kommt aus dem Herz- und dem Halschakra, die beide perfekt aufeinander abgestimmt sind.

Ich konzentriere mich auf das Objekt meines Mitgefühls und spüre, wie sich mein Bewußtsein verändert; ich visualisiere ziemlich klar eine Gestalt bzw. ein Symbol. Dieses Bild scheint sich direkt vor meinem Gesicht, in Höhe der Stirn, zusammenzufügen; die Augen können dabei offen oder auch geschlossen sein, haben also wenig mit diesen Gedankenbildern zu tun.

Ich spüre, daß ich Unterstützung erhalte – wahrscheinlich meine Emotionen, die jetzt klarer strukturiert sind –, aber das ist nur ein schwer artikulierbarer Eindruck. Auch mein Scheitelchakra scheint irgendwie beteiligt zu sein, nicht in Form von Energie, sondern eher als klare Präsenz in und gleichzeitig über mir. Ich nehme nicht mehr wahr, wie die Zeit vergeht, weiß aber, wann die Energien des Mitgefühls nicht mehr in mir arbeiten. Zu diesem Zeitpunkt habe ich eine Vorstellung davon, wie und ob ich helfen kann, und die passenden kreativen Strategien des Therapeutic Touch fallen mir ganz von alleine ein.

Mit der Zeit habe ich immer mehr den Eindruck, daß der Versuch (das Bemühen!), bewußt mit mehr als einem Chakra gleichzeitig zu arbeiten, auf die Zuverlässigkeit von subtilen Funktionen wie Intuition und Geist-zu-Geist-Kommunikation einen synergistischen Effekt hat. Beweis dafür sind für mich meine heutigen Therapeutic-Touch-Praktiken und auch meine sozialen Beziehungen im Alltag. So erkenne ich beispielsweise sofort, was meine Einschätzung des Lebensenergiefeldes bei einem Klienten impliziert, und später bestätigt sich diese Einsicht.

Ich empfehle, ein Art Tagebuch darüber zu führen, wie sich die »Deep Dee«-Analysen auf die innere Arbeit des Therapeuten auswirken. Man kann Gefühle und Gedanken niederschreiben, aber auch Eindrücke und Bilder, die an die Oberfläche gelangen, Stimmungen und innere Stimmen sowie Träume, insbesondere wiederkehrende oder luzide Träume, an die Sie sich tagsüber erinnern. Seien Sie aufmerksam gegenüber Metaphern, die Sie oft verwenden, oder sogenannte »Zufälle«. Ich folge meinen intuitiven Einsichten immer, wenn ich diese ruhige innere Stimme vernehme, und verfolge dann, was passiert. So trainiere ich mein Unterscheidungsvermögen, erkenne die Anzeichen wahrer Intuition und lerne, sie von bloßen Gefühlen zu unterscheiden.

Ich empfehle, das aktuelle Tagebuch alle sechs Wochen einmal ganz zu lesen und so objektiv wie möglich die darin niedergelegten Erlebnisse und Erfahrungen einzuschätzen. Seien Sie sensibel Ihrem eigenen Weg gegenüber! Wie verändert sich Ihre tägliche Routine innerlich? Ihre Lebensumstände? Ihre Einsichten in sich selbst und andere? Was sagen diese Veränderungen aus? Wie hat sich Ihr Selbstkonzept verändert, ist es bestätigt worden? Was haben Sie über die innere Arbeit gelernt, die Ihnen beim Heilen hilft?

Bewußtseinssteigerung im Dienste des Heilens

Heilen ist nicht einfach das Beseitigen von »Wehwehchen«; der Heiler bemüht sich vielmehr darum, den Kranken in seiner Panik zu stabilisieren, die dichten Schleier der Einsamkeit zu durchdringen und den von Furcht Geplagten eine Zuflucht zu bieten. Er erlebt gemeinsam mit denen, die sich auf den Tod vorbereiten, einen Augenblick der Heilung. Das Schöne daran, seine Chakren willentlich einzusetzen, ist die Möglichkeit, vertrauensvoll auf die Nöte solcher Menschen eingehen zu können, selbst wenn scheinbar nichts mehr helfen kann; das Wissen, wie man intelligent und mit Mitgefühl sein Lebensenergiefeld als menschliches Unterstützungssystem Menschen in Not zur Verfügung stellen kann; und diese Menschen auf eine Weise zu berühren, wie es den meisten von ihnen wohl nur selten vorher passiert ist.

Für den Therapeutic-Touch-Therapeuten ist diese aktive innere Suche nach der Essenz der eigenen Chakren ein willentlicher Akt der Bewußtseinserhöhung. Durch das Mitgefühl für andere, das dahinter steht, wird aus dieser Selbsterforschung ein mächtiger Verbündeter. Wer versucht, durch persönliches Erfahren seine

Chakren zu verstehen, sucht nach einer Tür in ein noch weitgehend unbekanntes Reich, das sich uns erst seit kurzem erschlossen hat. Das sollte man dabei nie vergessen. Wir versuchen nicht nur, mehr Selbstbewußtheit zu entwickeln, sondern auch, die Tiefen vieler Bewußtseinsaspekte auszuloten, die uns als Erbe zugefallen sind. Die Erfahrung zeigt, daß bloße Aufmerksamkeit in diese Richtung bereits den Geist aufrüttelt und das Bewußtsein aus dem »Halbschlaf« weckt, in dem viele Menschen träge dahindämmern. Doch erst wenn man aus dem Wunsch heraus, anderen zu helfen, sich entschlossen auf die Suche nach seinen inneren geistigen Wurzeln macht, entsteht die lebenssprühende Verbindung von unwiderstehlichen Kräften: ein tiefes Streben nach persönlicher Weisheit, gepaart mit dem leidenschaftlichen Wunsch, andere von ihren Leiden zu erlösen. Diese sinnhafte, zielgerichtete Verbindung beschleunigt und verfeinert den Prozeß auf wunderbare Weise, denn in dieser Bewußtseinserhöhung im Dienste des Heilens arbeitet der Chakra-Komplex synergistisch mit vielen Aspekten des persönlichen Bewußtseins zusammen; dadurch erreicht man viel mehr – sowohl für den Therapeuten als auch für den Klienten –, als die einzelnen Akte für sich genommen jemals bewirken könnten.

So kann die »Deep Dee«-Analyse für den entwickelten, erfahrenen Therapeutic-Touch-Therapeuten aus vielerlei Gründen eine nützliche und wichtige Übung sein. Wie machtvoll das Heilen ist, hängt zumindest genausoviel vom dynamischen Wesen des Heilers ab wie von dem, was er tut, denn die subtile Struktur seines persönlichen Lebensenergiefeldes ist das Medium für die Heilungsbotschaft. Deshalb sollten Sie die Gelegenheit, Ihre menschlichsten Kapazitäten auf sehr menschliche Weise einzusetzen, nicht ungenutzt verstreichen lassen. Geben Sie bei Ihrer Suche nicht auf; setzen Sie Ihre Kreativität ein! Wenn Sie etwas über das Herzchakra lernen wollen, aber niemanden haben, der Ihnen Liebe entgegenbringt, können Sie statt dessen ein Tier nehmen oder auch zwei, die sich gegenseitig Gesellschaft leisten. Seien Sie offen für ihren sehr natürlichen, kraftvollen Ausdruck von Liebe. Diese pelzigen und gefiederten »anderen Völker« (Beston, 1928) sind wunderbare Lehrer für uns. Möchten Sie Ihr Halschakra erforschen? Dann werden Sie doch Mitglied in einem Chor mit einem guten Dirigenten. Die anderen singen für Sie mit, wenn Ihre Stimme nicht so gut ist, und Sie können dabei ganz objektiv Ihr Halschakra bei der Arbeit beobachten. Wie bereits gesagt, gibt es zwischen dem Modulieren der Stimme und dem Modulieren des Lebensenergiefeldes im Rebalancing-Akt eine starke Analogie. Und hier noch ein paar Vorschläge: Wer die Geist-zu-Geist-Kommunikation erlernen möchte, kann hinaus in die Natur gehen, wo es noch wilde Tiere und Vögel gibt (ein paar Eichhörnchen oder Spatzen im Park tun's auch). Dort zentrieren Sie sich und rufen geistig – auch wenn anscheinend gerade niemand in der Nähe ist – nach Zwei- und Vierbeinern. Bei Erfolg haben Sie ein unvergeßliches Erlebnis. Mit mehr Erfahrung und Geschick können Sie das auch mit den Energien in fließendem Wasser probieren oder mit den Erd-Energien der »Regenbogenschlange«, die in großen Felsformationen schläft, oder auch mit der sehr andersartigen Intelligenz von alten Bäumen. Belassen Sie es nicht beim Reden; tauschen Sie Gedanken aus und zeichnen Sie Ihre Eindrücke auf. In gewissen Kreisen wird man meinen, Sie seien nicht mehr ganz bei Trost, aber es macht viel Spaß!

Wer noch mehr »außerirdische« Erfahrungen machen möchte, kann die folgende Übung, »Erforschung des Selbst, Teil 15: Therapeutic Touch mit Außerirdischen«, ausprobieren. Schauen Sie sich vorher noch einmal die Übung »Erforschung des Selbst, Teil 3: »Präsent sein: Intentionalität üben« an (Seite 27).

ERFORSCHUNG DES SELBST, TEIL 15
Therapeutic-Touch mit »Außerirdischen«: Die Begegnung der venusischen Art

Anmerkung:

In der Therapeutic-Touch-Einschätzung wird sozusagen auch die Grundlage für eine neue Art von sozialer Kommunikation gelegt, denn die Informationen aus dem Lebensenergiefeld des Klienten erhält der Therapeut nur über die Handchakren und andere Chakren. In der Übung »Erforschung des Selbst 15« kommunizieren wir mit einem anderen Wesen, und diesmal ist es ein Außerirdischer vom Planeten Venus.

Für diese »Begegnung der venusischen Art« müssen immer zwei Leute zusammenarbeiten. Einer spielt die Rolle eines »Erdlings« namens Harry der demütige Heiler, der andere ist Re-Li-Eh (Betonung auf der letzten Silbe, Re-Li-Eh ist Heiler, rückwärts gesprochen, der Venusier.

Ideal wären Gruppen mit vier Personen, die zur gleichen Zeit die Übung durchführen. Dann besteht jede Gruppe aus zwei Paaren, A arbeitet mit B, und C mit D. Einer pro Paar ist jeweils Harry der demütige Heiler, der andere Re-Li-Eh. Nach der Übung kann jeder seine Erfahrungen aufschreiben, dann werden die Rollen vertauscht, ohne daß man miteinander über das Erlebte spricht. Auch nach dieser zweiten Runde wird alles aufgeschrieben, aber noch nicht darüber gesprochen. Jetzt gibt es einen »Partnertausch«: A arbeitet mit C, B mit D, und die Übung wird noch einmal gemacht.

Auch eine dritte Partnerkombination ist noch möglich: A mit D, B mit C.

Material: Papier und Stift.

Die Übung:

1. Zu Beginn wird entschieden, wer jeweils Harry den demütigen Heiler und wer Re-Li-Eh, den Venusier, darstellt. Danach zentrieren sich alle Beteiligten.
2. Anweisungen für Harry:
Stellen Sie sich vor, daß Sie schon immer einmal gerne eine außerkörperliche Erfahrung machen wollten. Heute nacht wurde Ihnen dieser Wunsch erfüllt, und Sie reisen zum Planeten Venus. Leicht steuern Sie durch die Atmosphäre, und auch die Akklimatisierung fällt Ihnen leicht. Sie landen auf dem Planeten, spazieren herum und schauen sich um. Als Sie um eine Ecke gehen, steht Ihnen ein Venusier gegenüber, Re-Li-Eh.
Sie haben keine Angst vor diesem Venusier, aber Sie können seine Sprache nicht verstehen und Re-Li-Eh genausowenig die Ihre.
Deshalb gehen Sie einfach einmal davon aus, daß auch Venusier ein Chakra-System besitzen, und so werden Sie ihm auf diese

157

Weise eine Botschaft übermitteln. Wenn Sie bereit dafür sind, nicken Sie Re-Li-Eh zu und senden die Botschaft mit dem Ausatmen. Dabei leiten Sie den Atem gleichzeitig zum entsprechenden Chakra.

3. Anweisungen für Re-Li-Eh:
   Sie sehen Harry nicken und führen eine Therapeutic-Touch-Einschätzung durch. Dazu gehen Sie durch Harry ganzes Lebensenergiefeld ohne anzuhalten. Dann können Sie bestimmte Bereiche noch einmal einschätzen. Schreiben Sie auf, was Harry Ihnen Ihrer Meinung nach vermitteln wollte, aber reden Sie noch nicht mit ihm darüber.

4. Auch Harry schreibt auf, was er Re-Li-Eh sagen wollte, und notiert seine Eindrücke von der Begegnung.

5. Nach dieser Erforschung werden die Partner getauscht, wie oben beschrieben. So kann jeder dreimal Botschaften senden und empfangen.

6. Nach der letzten Übung treffen sich alle vier Beteiligten und diskutieren über ihre Erfahrungen. Es wäre ungewöhnlich, wenn jemand tatsächlich Harrys Botschaft Wort für Wort wiedergeben könnte, aber das ist nebensächlich. Viel wichtiger ist, was Re-Li-Eh über seine innere Arbeit zu sagen hat, als er Harrys Botschaft empfangen wollte. Gab es ähnliche bzw. unterschiedliche Erfahrungen in der Gruppe? Oder neue, unerwartete Ansätze, das Problem der außerirdischen Kommunikation in Angriff zu nehmen?

Die Macht des Mitgefühls

Oft schon habe ich über die Macht des Mitgefühls nachgedacht. Mitgefühl ist sicherlich nicht überlebenswichtig, und ich bin immer wieder ehrfürchtig erstaunt, daß es die Jahrtausende hindurch noch immer in den Herzen der Menschen wohnt. Warum? Vielleicht unter anderem deshalb, weil wir so miteinander in Beziehung treten sollen – vielleicht ist es ganz im Interesse der Natur, daß wir diesen menschlichsten aller menschlichen Charakterzüge im Kontakt mit anderen leben. Der Erfolg der Evolution ist vielleicht weniger die Tatsache, daß wir überleben, sondern vielmehr, wie wir überleben.

Wir wissen bereits, daß Mitgefühl den notwendigen Hintergrund für den Therapeutic-Touch-Therapeuten liefert, und das nicht nur, weil ohne dieses Mitgefühl als Motivationsfaktor die Praxis des Therapeutic Touch Gefahr läuft, nur ein Machtspielchen zu sein. Es ist eine subjektiv überprüfbare Tatsache, daß die dynamische Natur des Mitgefühls erst die Chance bietet, in die Grenzbezirke des eigenen Bewußtseins einzutauchen, unsere besten Anlagen zu entfalten und so das Wunder des Heilens für jemanden, der dessen bedarf, zu ermöglichen. Der leidenschaftliche Wunsch, anderen zu helfen, versorgt mit dem starken energetischen Schub, der für den entscheidenden Quantensprung nötig ist, durch den sich der vitalisierende Zustand des Heilens vom schwächenden Zustand des Krankseins unterscheidet. Die integrierende Kraft des Mitgefühls schafft einen Pfad, auf dem uns die universalen Heilenergien durchströmen können, und durch die Erfahrung dieses »Heilstroms haben« wir im Heilmoment die Chance, unser Inneres Selbst als wirklich zu erkennen.

In der Therapeutic-Touch-Interaktion ist diese Erkenntnis die direkte Folge der Einschätzungsphase, die ihre Kraft aus dem zentrierten Bewußtseinszustand des Therapeutic Touch erhält. Bei der Einschätzung erhält der Therapeut Informationen direkt aus dem Lebensenergiefeld des Klienten, und diese Informationsstückchen stellen den strukturellen Rahmen bzw. die Perspektive persönlichen Wissens dar, wenn der Therapeutic-Touch-Prozeß ihn durchfließt. Während dieses Heilaktes ist der Therapeut tief in den Prozeß involviert und nimmt – für einen Moment, wenn er wahrhaft bewußt ist – flüchtig wahr, daß ein Komplex von universalen Heilenergien ihn berührt hat, in denen Therapeut und Klient gemeinsam verbunden sind. Dann erkennt man, daß nicht nur Heiler und Klient am Heilungsakt beteiligt sind, sondern auch der »Faktor X« diesen Augenblick auf transpersonale und – sehr oft – transverbale Weise durchdringt.

Dann erkennen wir auch, daß Therapeutic Touch tatsächlich eine Disziplin ist in dem Sinn, daß es ein selbstdiszipliniertes Erlernen der inneren Arbeit ist, die die Therapeutic-Touch-Praxis vertieft und sie zu einem Lebensstil werden läßt. Die Therapeutic-

Touch-Methode ist auch insofern eine Disziplin, als sie eine besondere Art der Ausbildung für Heiler darstellt, eine zeitgenössische Interpretation alter Heilpraktiken, die darauf beruhen, daß Heilen ein natürliches Potential ist.

Therapeutic Touch
als transpersonaler Akt

Es ist also klar zu erkennen, daß das Zentrieren, das dem Therapeutic Touch seine Kraft verleiht, kein passiver Akt ist, sondern vielmehr ein aktives Erforschen des Inneren Selbst und die sachkundige Arbeit mit seinen vielen Facetten. Im Prozeß wird Therapeutic Touch zu einem transpersonalen Akt. Der Therapeut – voller Mitgefühl – gewinnt Vertrauen und kann – mit dem Höheren Selbst als Führer – auch die Früchte seiner vertrauensvollen Arbeit ernten. Hier zeigt sich der Therapeutic-Touch-Therapeut ganz und gar, transzendiert kulturelle Vorbehalte und läßt seine inneren Überzeugungen mit dem äußeren, eher sozialisierten, ego-zentriertem Selbst zusammenkommen und im Alltag wirken.

Diese Übertragung von Überzeugungen in reale »Taten« ist eine schwere Geburt, doch genau da, wenn die im Heilakt gewonnenen Erfahrungen ihn erkennen lassen, daß es möglicherweise gemeinsame Bewußtseinsverbindungen zwischen allen Lebewesen gibt, dämmert es dem Therapeuten, daß die Natur dieses Inneren Selbst etwas Einheitliches ist. Das Streben danach, Therapeutic Touch zu einem bewußten Akt zu machen, fördert Intuition und Einsicht. Der Therapeut weiß, welch wertvolle, feine Qualität seinem Heilkönnen dadurch verliehen wird, und unterzieht sich freiwilliger Selbstkontrolle, um seine psychischen Kräfte zu stabilisieren und ungezügelte Impulse in bedachte Handlungen zu verwandeln, die dem Wohle des Patienten dienen. Diese stark veränderte Wahrnehmung verändert auch die Weltsicht und – als Konsequenz – den persönlichen Lebensstil.

Heilen auf der Grundlage von Mitgefühl bereichert also das Leben des Heilers mit den einzigartigen, feinen Energien des Höheren Selbst. Durch bewußten Einsatz der oberen Chakren im Heilungsakt kann man zu diesen Herolden des Inneren Selbst Zugang gewinnen. Durch dieses persönliche Wissen des Therapeutic-Touch-Therapeuten und seiner aktiven Einbeziehung in die Therapeutic-Touch-Behandlung wird aus dieser aus dem Mitgefühl geborenen Interaktion die Chance, Zugang zum Transpersonalen zu erhalten. So erhält der Therapeut Zugang zu inneren, subjektiven Quellen der Inspiration und der Führung und wird stabil genug, um diese Einsichten dem Test der inneren Arbeit zu unterziehen. Letztendlich geben diese Tests die Antwort auf die immer wiederkehrende Frage: »*Warum möchte ich ein Heiler sein?*«

Kapitel 9
Therapeutic Touch als soziale Kraft

Therapeutic Touch in der größeren Gemeinschaft

Ich war zu einem Vortrag auf einer internationalen Konferenz in Edmonton, Kanada, geflogen. Nach der Landung suchte ich den Begrüßungstisch der Veranstalter; dort sollte ich mich melden und dann zum Hotel gefahren werden. Ich folgte den Schildern und kam zu der Gangway, die zur Gepäckausgabe führte. Vor mir ging eine Frau. Unten an der Rampe sah ich den Begrüßungstisch und zwei Frauen. Also ging auch ich die Rampe hinunter. Da stolperte die Frau vor mir und fiel der Länge nach hin. Ich wollte ihr schnell zu Hilfe eilen, aber auch die beiden Frauen am Tisch waren bereits unterwegs und erreichten sie vor mir. Ich hörte, wie eine zur anderen sagte:»Sie ist verletzt! Schnell, mach Therapeutic Touch!« Sie hatte recht, und so stellte ich meine Reisetasche ab, schlüpfte aus meinem Regenmantel und wollte die verletzte Frau behandeln – doch die beiden Frauen waren bereits dabei, teilten sich ihre Eindrücke aus der Einschätzung mit und planten die Rebalancing-Strategien.

Also stand ich da und beobachtete die beiden Frauen. Sie machten ihre Sache nicht nur sehr gut, auch ohne mich – sie erkannten mich nicht einmal, wußten also gar nicht, daß ich eine der Mitbegründerinnen des Therapeutic Touch war. Selbst wenn ich das nicht schon vorher gewußt hätte, jetzt wäre es ganz klar geworden, daß Therapeutic Touch inzwischen sein eigenes Leben führte und auch ohne mich sehr gut zurechtkam.

In den letzten vierundzwanzig Jahren, seit Dora Kunz und ich mit Therapeutic Touch angefangen hatten, hat sich diese Methode schnell weiterentwickelt und als Heilmethode ihre Wirksamkeit unter Beweis gestellt. Außer Dora und mir, die wir intensive Studien durchgeführt und Theorien entwickelt hatten, gibt es inzwischen in den Vereinigten Staaten 27 Doktorarbeiten über Therapeutic Touch, 18 weitere Forschungsarbeiten nach der Promotion sind bekannt. Außerdem gibt es zahllose klinische Studien und Diplomarbeiten für das Master's Degree zu diesem Thema. Ich habe bis heute über 43.000 Personen aus dem Gesundheitswesen und dazu mehrere Tausend Laien unterrichtet. Im Verlauf der Jahre haben unsere Studenten wahrscheinlich genauso viele Menschen in ihren eigenen Praxen unterwiesen.

Therapeutic Touch war Thema von vielen Zeitschriftenartikeln; Es gibt auch mehrere Bücher zu diesem Thema. Auch in den elektronischen Medien in den USA und Kanada wurde auf allen größeren Kanälen darüber berichtet. Auch weltweit hat Therapeutic Touch viel Aufmerksamkeit erregt, so gibt es beispielsweise sehr aktive, kontinuierlich geführte Internet-Dialoge bei »America On-Line« (AOL), »Prodigy« und anderen On-Line-Services.

Ich habe inzwischen auch erfahren, daß Therapeutic Touch historisch gesehen die erste Heilmethode war, die als integraler Bestandteil in einen voll anerkannten Universitäts-Lehrplan aufgenommen wurde. Zur Zeit wird Therapeutic Touch an über hundert Colleges und Universitäten in den USA gelehrt, des weiteren in 75 Ländern international. Einer der Kurse in den USA ist ein Seminar für Abschlußsemester mit Biologie als Hauptfach. Der Professor sagte mir, daß Therapeutic Touch ein Modell für die Erforschung der Natur der Biologie im 21. Jahrhundert darstellt.

Die Fachliteratur über Therapeutic Touch ist inzwischen so umfangreich, daß es seit 1988 in Medline, dem Computer-Suchsystem für medizinische Literatur, geführt wird. Therapeutic Touch hat sich auch einen Weg in die populäre Literatur gebahnt. Vor zwei Tagen erhielt ich von einer Therapeutic-Touch-Therapeutin den Bestseller »Extreme Measures« von Michael Palmer zugeschickt. Auf Seite 100 wird über eine »erstklassige Schwester« in der Notaufnahme, Terri Dillard, berichtet, die »… durch ihre Massagen und durch Therapeutic Touch bei ihren Patienten oft schon die richtige Diagnose gestellt oder sie sogar geheilt hatte, bevor der Arzt überhaupt da war.«

Therapeutic Touch in der Familie

1985 schloß ich – nach fundierten Forschungen – einen Bericht über Ehepaare ab. Ich hatte den Ehemännern beigebracht, wie sie ihre im sechsten bis neunten Monat schwangeren Frauen bis zur Geburt mit Therapeutic Touch behandeln konnten. Dies verlief sehr erfolgreich, und es gab keinerlei negative Reaktionen auf die Therapeutic-Touch-Praktiken.

Die Paare hatten soviel Spaß daran, daß ein paar Dutzend aus der Versuchsgruppe auch nach der Geburt zu Hause Therapeutic Touch anwandten. So verbreitete es sich in Familien, wo Therapeutic Touch allmählich die Aspirintablette ersetzt. In einigen Familien wurde Therapeutic Touch zu einer täglichen Übung. So wurde beispielsweise dem Vater, der abends von der Arbeit zurückkam, als Ausdruck von Fürsorge und Liebe eine Therapeutic-Touch-Behandlung angeboten, damit er schnell entspannen konnte. Oder, wie ein Elternteil es ausdrückte:»… um ihm/ihr zu helfen, aus dem Dschungel der Geschäftswelt mit ihrem Konkurrenzkampf zu entkommen und wieder Mensch sein zu dürfen«. Ganz schnell wurden oft auch die Verwandtschaft und Freunde in Therapeutic Touch »eingeweiht«, und so wurde Therapeutic Touch aus Kleingruppen in die Gemeinde getragen.

Therpeutic Touch als soziale Kraft

Ich selbst war mir gar nicht klar darüber, wie groß die Nachfrage nach Therapeutic Touch war, bis ich 1989 kurz hintereinander zwei Anrufe erhielt, aus verschiedenen Teilen des Landes, aber beidemale von Krankenhausadministratoren und mit der gleichen Botschaft: Die Krankenhäuser wurden von Bürgern angerufen, die ins Krankenhaus mußten und wissen wollten, ob Therapeutic Touch praktiziert wurde und ob sie nach der medizinischen Behandlung Therapeutic-Touch-Sitzungen haben konnten. Wenn das nicht der Fall wäre, so die Anrufer, würden sie sich ein anderes Krankenhaus suchen, wo Therapeutic Touch angeboten würde. Erst mit der Zeit wurde mir klar, daß Therapeutic Touch mit seinem Anspruch auf

Mitgefühl für die leidenden Patienten und mit den persönlichen Herausforderungen für die Therapeuten zu einer starken sozialen Kraft geworden war. Gleichzeitig sorgten der Einzug von Therapeutic-Touch-Praktiken in die Gemeinde und der wachsende Bekanntheitsgrad dafür, daß freiwillige Helfer und Angestellte in Krankenhäusern sich sehr dafür interessierten. Innerhalb von nur zwei Jahren wurde Therapeutic Touch in Krankenhäusern in den USA und Kanada angeboten, wo es bis heute auch vielen Todkranken zu einem friedlichen Übergang in die andere Welt verhilft.

Therapeutic Touch im Ausland

Therapeutic Touch wird inzwischen auf der ganzen Welt praktiziert. Ich werde mich sicher immer daran erinnern, wie auf einer monatelangen Tour durch Südafrika einmal Menschen aller Hautfarben miteinander Therapeutic Touch anwandten. Bevor durch Sadats Besuch in Israel der Friedensprozeß eingeleitet wurde, behandelten sowohl die Israelis als auch die Ägypter im Gazastreifen ihre Verwundeten mit Therapeutic Touch. In den frühen 80er Jahren hielt Therapeutic Touch Einzug in die Flüchtlingslager in Thailand und später auch in Kambodscha. Einige der Flüchtlinge schlossen sich den freiwilligen amerikanischen Helfern an, die mit Therapeutic Touch arbeiteten, weil es sie an ihre eigenen volkstümlichen Bräuche erinnerte.

Auch in Ho Chi Minh Stadt in Vietnam wurde Therapeutic Touch gelehrt. Carolyn und John sind beide seit langem als Therapeutic-Touch-Therapeuten tätig. Durch einen seltsamen zeitlichen »Zufall« unterrichtete Carolyn Therapeutic Touch in Ho Chi Minh Stadt, genau zu dem Zeitpunkt, als John einige Vietnam-Veteranen im Hinterzimmer einer New Yorker Bar mit Therapeutic Touch behandelte. Auch in einigen Teilen Chinas wurde Therapeutic Touch gelehrt, und einmal wurde ein verletzter Tourist an der Großen Mauer mit Therapeutic Touch behandelt.

Therapeutic Touch in Nord- und Südamerika

Auf dem amerikanischen Kontinent ist Therapeutic Touch fast überall vertreten, sogar in den Handelsposten oberhalb des Polarkreises im Nordwesten Kanadas bis hin zum Öffentlichen Krankenhaus in Kotzebue, Alaska. Auch in den Regenwäldern Brasiliens und den Graspampas Argentiniens wird Therapeutic Touch praktiziert. Über die Grenzen des Kontinents hinaus hat es sich bis östlich von Puerto Rico und westlich von Hawaii ausgebreitet und ist auch auf Guam, einer der Mariana-Inseln im Pazifik, zu finden.

Therapeutic Touch in Notfallsituationen

In Amerika wurde Therapeutic Touch von den Gemeinden auch bei Naturkatastrophen eingesetzt, zum Beispiel von den Hilfstruppen bei den Mississippi-Überschwemmungen 1993, beim Erdbeben in Kalifornien genauso wie beim Waldbrand in Montana ein Jahr später. Auch auf den Straßen von Oklahoma City wurden Verletzte 1995 nach dem Bombenanschlag mit Therapeutic Touch behandelt.

Notfallärzte und Feuerwehrleute arbeiten bei ihren alltäglichen Einsätzen im Ambulanzwagen und in Helikoptern mit Therapeutic Touch; mit Therapeutic Touch werden Unfallopfer bei Autounfällen, Patienten in der Notaufnahme, Verunglückte am Strand und im Gebirge versorgt. Bei Ski-Unfällen wird es vor allem gerne bei Brüchen angewandt, weil es schnell und zuverlässig zu Entspannungsreaktionen führt. So können die Knochen gerichtet und geschient werden, bevor der Verletzte den Berg hinunter transportiert wird.

Marsha und Gretchen, zwei Therapeutic-Touch-Schülerinnen, mußten sich einmal weniger organisiert behelfen. Sie wanderten in der Umgebung von San Francisco. Man konnte noch die Shilouette der Wolkenkratzer sehen. Irgendwie kam Marsha mit einer Substanz in Kontakt, auf die sie extrem allergisch reagierte. Innerhalb von Sekunden zeigten sich die Symptome eines Eiweiß-Schocks. Die beiden hatten keine Erste-Hilfe-Ausstattung dabei. Doch Gretchen behandelte die Freundin sofort mit Therapeutic Touch. Als Marsha sich erholt hatte, gingen sie zum Campus zurück und erzählten uns ganz beiläufig von dem Vorfall. Solche Geschichten über den Einsatz von Therapeutic Touch in Notfällen gibt es viele. »Gott sei Dank«, sagt Keith, ein Therapeutic-Touch-Therapeut, der einer älteren Dame geholfen hatte, als sie im Einkaufszentrum einen Herzanfall erlitt, »hatte ich meine Hände dabei.«

Therapeutic-Touch-Unterricht für die Angehörigen von Patienten

Die Grundlagen des Therapeutic Touch sind natürlich, sicher und leicht erlernbar; deshalb bringen wir seit Jahren den Verwandten und Freunden von Patienten die Therapeutic-Touch-Praktiken bei – mit Erfolg. Auch in vielen Krankenhäusern wurde diese Methode eingeführt, so zum Beispiel in Einrichtungen, in denen die Verwandten sich einbringen können und lernen, wie die kranken Angehörigen nach der Entlassung aus dem Krankenhaus gepflegt werden können. Auch bei Krebspatienten mit Knochenmarkstransplantationen, auf Kinderstationen, wo Angehörige übernachten können, und ähnlichen Fällen hat sich die Einbeziehung der nächsten Familie in die Therapeutic-Touch-Behandlung bewährt.

»Peer Therapeutics« in der Gemeinde

Mit der Zeit haben wir außerdem das Konzept der »Peer Therapeutics« entwickelt. Patienten sind oft sehr gerührt, wenn sie in den Therapeutic-Touch-Sitzungen sehen, wie sich der Therapeut um sie bemüht. Da Therapeutic Touch eine sehr sichere Angelegenheit ist, können diese Patienten, wenn sie dafür Interesse zeigen, die Grundlagen des Therapeutic Touch unter Supervision erlernen. Mit fortschreitender Praxis und besserer Gesundheit dürfen sie dann Patienten mit der gleichen Krankheit behandeln, unter der sie selbst einst gelitten haben. So wird der frühere Patient zum Heiler. Aus dieser neuen Sicht der Krankheit kann der neue Therapeutic-Touch-Therapeut für sich selbst und seine persönlichen Erfahrungen mit der Krankheit sehr viel lernen. Solche Einsichten können mitunter das Leben der Person völlig verändern.

1996 gab es solche »Peer Therapeutics«-Gruppen in mehreren Ländern; sie kümmern sich vor allem um gesundheitliche Probleme wie Prämenstruelles Syndrom (PMS), die Raynaud-Krankheit, alle möglichen Krebsarten, beidseitige Amputationen, Basedow-Krankheit, AIDS sowie Symptome bei Silikonimplantaten in der Brust. Auch Gruppen für schwangere Paare, Menschen mit familiären Problemen und Frauengruppen gibt es. Eine besonders aktive Gruppe ist eine Gruppe von »Grauen Panthern«, einer politischen Aktivistengruppe von älteren Menschen, die Gleichaltrige in Pflege- und Altersheimen mit Therapeutic Touch behandeln. Eines der wegen der potentiellen sozialen Konsequenzen aufregendsten Programme ist ein »Ableger« des »Peer Therapeutics«-Konzepts, welches in Oregon initiiert wurde. Dort können jugendliche Delinquenten, welche als Strafe in der Gemeinde arbeiten müssen, Therapeutic Touch erlernen und die entsprechende Zeit dann in Altersheimen und anderen Einrichtungen arbeiten. Das scheint eine sehr seltsame Kombination zu sein. Doch Studien haben aufgezeigt, daß Großvater-Figuren den modernen Jugendlichen oft näherstehen als Vaterfiguren, und mit Therapeutic Touch kann eine solche Beziehung aufgebaut werden.

Therapeutic Touch in Kombination mit anderen Therapieformen

Seit es Therapeutic Touch gibt (immerhin ein Vierteljahrhundert) haben viele Menschen aus heilenden Berufen Therapeutic Touch erlernt, angefangen bei Krankenschwestern, Ärzten und Psychologen bis hin zu anerkannten Therapeuten, Sozialarbeitern im medizinischen Bereich und Beratern. Ein neues Feld für Therapeutic Touch ist die künstliche Befruchtung, und erst seit kurzem arbeiten auch Berater, die Adoptiveltern betreuen, mit Therapeutic Touch.

Therapeutic Touch läßt sich gut mit allen traditionellen und orthodoxen Heilmethoden kombinieren, auch mit neueren Ansätzen, wie zum Beispiel Biofeedback oder Äußeres Qi Gong, die alte Kunst der Taoisten, die von einem der Senior-Lehrer, Kenneth Cohen, auch als »chinesisches Therapeutic Touch« bezeichnet wird (Cohen, 1993). In Kombination mit Massage hat sich gezeigt, daß die Massage zwar das Lebensenergiefeld des Klienten stimuliert, Therapeutic Touch dagegen es wirklich balanciert; deshalb wird empfohlen, Therapeutic Touch bei jeder Art von Körperarbeit mit einzubeziehen (Schatz und Carlson, 1995).

Therapeutic Touch und die »anderen Völker«

Therapeutic Touch wird häufig auch bei Tieren angewandt. Eine Teilnehmerin einer meiner frühen Kurse schloß ihren »Master's Degree« ab, wobei Therapeutic Touch Teil des Lehrplanes war. Nach Bewilligung eines einjährigen Studienurlaubs beschloß sie, ein Jahr lang in den Rocky Mountains Schafe zu hüten. Wenn die Mutterschafe ihre Jungen warfen, wandte sie Therapeutic Touch an.

Das erfolgreiche Experiment mit den Schafen machte Schule, und bald darauf wurden auch andere Tiere mit Therapeutic Touch »kuriert«. Therapeutic Touch wirkte bei Pferden und bei Kühen. Inzwischen werden auch Ziegen, Hühner und Enten und – seit kurzem – Lamas behandelt. Heute ist es ganz normal, daß Therapeutic Touch nicht nur in Schulräumen, sondern auch in Scheunen und auf Feldern gelehrt wird. Was nicht heißt, daß Schulräume »out« sind: In einer Stadt in Vermont brachten die Schüler einmal im Winter ihre Hühner mit und übten mit ihnen!

An Haustieren wurde Therapeutic Touch schon von Anfang an gerne angewandt. Im ganzen Land finden sich Therapeutic-Touch-Tierkliniken, wo Katzen, Hunde, Hamster, weiße Mäuse und Vögel mit Therapeutic Touch behandelt werden. Sie sind sehr empfänglich dafür. Besonders Vögel sprechen ungewöhnlich schnell auf die Behandlung an.

Daraus hat sich eine Praxis entwickelt, die im Mitgefühl für Tiere ihresgleichen sucht. Zwei treue Kursteilnehmerinnen unterrichteten Laboranten in einem Tierversuchslaboratorium. Diese Laboranten behandelten die ihnen anvertrauten Tiere, bevor sie eingeschläfert wurden – ein beispielloses Vorgehen. Ich gebe zu, daß ich meine eigenen gemischten Gefühle dazu nicht verstehe. Doch eine Botschaft ist für mich klar: Unterschätze nie die Kraft des Mitgefühls!

Weltweite soziale Kräfte, die Therapeutic Touch möglich machten

Wenn man sich einmal die Geschichte des Therapeutic Touch anschaut, ist auffällig, daß seine Anfänge in einen bemerkenswerten Zeitabschnitt fielen. Dieses glückliche Timing war einer der ausschlaggebenden Faktoren dafür, daß Therapeutic Touch so erfolgreich wurde. Dora Kunz und ich hatten die Chance, und wir nutzten sie.

Seit dem Zweiten Weltkrieg haben vor allem vier soziale Kräfte fast auf der ganzen Welt ihre Spuren hinterlassen und damit den Weg frei gemacht für die Entwicklung des Therapeutic Touch. Ihre synergetische Wirkung führte zu einer neuen, ganz anderen Weltsicht, und je näher die Jahrtausendwende rückt, desto intensiver wird diese Entwicklung. Dies ist vor allem eine Zeit des Neuanfangs. Carl Jung nannte die 90er Jahre den »Endpunkt«, nicht nur das Ende eines Jahrhunderts, sondern eines Jahrtausends. Neue Wege des Denkens sind wichtig und vielleicht entscheidend. Die Zeit ist reif, so Jung, für eine radikale Änderung der Sichtweisen. Wir fließen in eine neue Ära, eine neue Zeit, und das geht mit einer signifikanten Transformation im Kontinuum des Lebens einher; wir müssen unsere enge Sicht der Dinge ausweiten und neue Wege der Wahrnehmung finden.

Nach dem Zweiten Weltkrieg wollten die Menschen zum einen den Verwüstungen des Krieges entkommen und zum anderen die neuen, sehr exotischen fremden Kulturen erleben, die dabei ans Licht kamen; deshalb kam es weltweit zu dem starken Wunsch,

Neues zu erfahren. Scharenweise reisten sie bis in die entlegendsten Winkel des Planeten. Neben diesen Reiselustigen, die sich freiwillig auf die Reise machten, gab es aber auch die dunkle Seite: Massenemigration aufgrund von Naturkatastrophen wie Dürren, Seuchen, starken Wetterveränderungen – traurigerweise hervorgerufen durch menschliche Schwächen wie Habsucht, Gier, Neid und Selbstsucht. Doch unter dem Strich war das Ergebnis dieser transnationalen Migrationen beispiellos: Die Vermischung der Kulturen in großem Maße führte bei der Nachkriegsgeneration zu der Erkenntnis, daß es auch andere kulturelle Sichtweisen gab, und zu der Bereitschaft vieler, diese anzuerkennen und zu würdigen.

Eine zweite Kraft, die nach dem Krieg die Gesellschaft stark beeinflußte, war die Umsetzung technologischen und wissenschaftlichen Fortschritts, der ursprünglich zu Kriegszwecken, aber später dann auch für die alltäglichen Bedürfnisse der Menschen eingesetzt wurde. Aus dieser »High-Tech«-Welle, die unser Zuhause, die Schule, den Arbeitsplatz prägt, entwickelte sich ein allgemeines Verständnis für die Neue Physik hinter all diesen modernen Errungenschaften. Die Relativitätstheorie und die Quantenphysik sind auch Nichtfachleuten ein Begriff. Diese Konzepte wurden auch auf die »weicheren« Wissenschaften übertragen, und der Paradigmenwechsel war sehr schnell an der Wurzel spürbar. Entscheidend für diesen neuen Bezugsrahmen war auch die wachsende Erkenntnis, daß die Philosophie der neuen Wissenschaften und die zeitlose Weisheit alter Lehren, insbesondere der östlichen, eng miteinander verbunden sind.

Eine dritte Kraft spielte bei der Entwicklung und Akzeptanz des Therapeutic Touch – und eigentlich aller modernen Heilmethoden – eine entscheidene Rolle: Die Anerkennung des weiblichen Prinzips in allen Menschen, ob Mann oder Frau. Diese Facette menschlichen Wissens war in der westlichen Kultur, wenn nicht sogar seit biblischen Zeiten, verlorengegangen. Und dieser Wertschätzung der weiblichen Kraft in uns ist es zu verdanken, daß auch die Verwundbarkeit, der wir uns im Mitgefühl öffnen, akzeptiert wird, und zwar als Ausdruck von Stärke und nicht als ein Zeichen von Schwäche.

Als vierte Kraft, die zu mehr Akzeptanz und Toleranz führte, ist die verminderte Angst vor dem Tod zu nennen, ausgelöst und in der

Öffentlichkeit im Bewußtsein verankert durch die mitfühlende Arbeit von Dr. Elisabeth Kübler-Ross. Sie ermutigte uns, den Tod als Teil des Lebens zu akzeptieren und das Leben mit Sinn zu erfüllen, der im Tod gefeiert wird.

In der zweiten Hälfte des 20. Jahrhunderts gab es noch viele weitere soziale Einflüsse, die dem Therapeutic Touch den Weg bereiteten, doch für mich sind diese vier Kräfte ausschlaggebend dafür, daß dies in einem so guten Klima und mit soviel Freude und Leichtigkeit passieren konnte.

Hier noch einmal einfach ausgedrückt die vier Kräfte:

• Transkulturelle Akzeptanz anderer Wirklichkeiten.

• Allgemeines Verständnis für die philosophischen Implikationen der Neuen Physik und die Erkenntnis, wie eng sie mit den alten Lehren verbunden ist.

• Erkennen der Bedeutung des weiblichen Prinzips als grundlegendes menschliches Charakteristikum.

• Weniger Angst vor dem Tod und beginnendes Verständnis dafür, daß das Leben einen Sinn hat.

Eine wichtige Frage
ist viele Antworten wert

Ich schaue also zurück auf all dies und stelle mir noch immer die Frage, mit der wir angefangen haben: Warum möchte ich ein Heiler sein? Und ich erkenne, daß es nicht nur eine Antwort gibt und daß keine Antwort leicht ist. Eher ist es so, daß die Antworten immer mehr an Bedeutung und Komplexität zunehmen, je tiefer wir eintauchen und die Natur der Aufgabe erkennen, die wir uns gestellt haben. Kaum sind wir auf einer Ebene des Verstehens angekommen und wollen die Frage beiseite legen, verändert sich die Perspektive ein wenig, und wir erblicken Neues, das erforscht werden muß.

Dieser Prozeß erinnert mich an ein Modell wissenschaftlicher Forschung, das in meiner Studien-Klasse postuliert wurde. Wir hatten eine bemerkenswerte brillante, kreative und inspirierte

Lehrerin, Professor Martha E. Rogers, die uns immerzu ermutigte, unsere Ziele sehr hoch zu stecken und die Besten zu sein. Das Modell war Louis Agassiz, der berühmte Zoologe, Geologe und Paläontologe aus dem 19. Jahrhundert, der als Lehrer und Wissenschaftler seiner Zeit anerkanntermaßen weit voraus war.

Seine Geschichte ist zeitlos. Sie erzählt von einem jungen College-Studenten, der gerne in Agassiz' Labor als Assistent arbeiten wollte. Er kam für ein erstes Interview zum Labor und mußte mehrere Stunden warten, bis Agassiz schließlich auftauchte. Im Raum waren alle möglichen Fische aufgestellt, und der Student nutzte die Zeit damit, die Fische zu studieren.

Als Agassiz schließlich erschien und man kurz ein paar Liebenswürdigkeiten ausgetauscht hatte, machte der Student eine höfliche Bemerkung über die Fisch-Sammlung. Agassiz fragte ihn, was ihm an den Fischen aufgefallen war, und der Student spulte stolz sein enzyklopädisches Wissen über die Taxonomie der Fische herunter. Nach einer Weile sagte Agassiz:»Okay, und was haben Sie gesehen?« Der Student war verblüfft und stotterte ein wenig herum. Agassiz sagte:»Ja, schauen Sie noch einmal, schauen Sie noch einmal hin«, und verließ den Raum. Der Student studierte also noch einmal die Fische, bis es dunkel wurde, dann ging er heim.

Am nächsten Tag kam er wieder. Agassiz war nicht da, und so beschäftigte sich der Student wieder mit den Fischen. Als Agassiz schließlich ziemlich spät ins Labor zurückkam, betete der Student die ganze Litanei seiner Beobachtungen vor. Agassiz nickte und sagte:»Ja, schauen Sie noch einmal hin!«

In dieser Nacht träumte der Student schwere Träume voller Fische. Am nächsten Tag hatte er große Mühe, sich seiner Aufgabe zu stellen, aber er machte weiter. Und zu seiner Überraschung fielen ihm gewisse Dinge an den Fischen auf, die er vorher nicht bemerkt hatte. Diese neuen Beobachtungen faszinierten ihn so, daß er nicht einmal bemerkte, daß Agassiz zurückkam. Die Geschichte geht noch ein wenig weiter, doch das Fazit ist, daß der Student schließlich die Antwort findet, zu der Agassiz ihn hintreibt: Der Fisch ist symmetrisch, und Symmetrie ist der ausschlaggebende Faktor für seinen erfolgreichen Überlebenskampf als Wasserlebewesen. Agassiz ist zufrieden, und der Student bekommt den Job. Doch als er gerade den Raum verlassen will, dreht Agassiz sich um, schaut dem

Studenten in die Augen und ermahnt ihn noch einmal:»Schauen
Sie hin! Schauen Sie noch einmal hin!«

Mit diesem Aufruf verlasse ich Sie, lieber Leser. Ich habe die
Frage»Warum möchte ich ein Heiler sein?« viele Jahre lang erforscht. Und als Essenz dessen, was ich herausgefunden habe, sage
auch ich:»Schau hin! Schau noch einmal hin!« Die Antwort liegt direkt vor Ihren Augen. Schauen Sie immer und immer wieder hin.

ANHANG

Vorschläge für das Analysieren des Tagebuchs
über die innere Arbeit

Sie benötigen Stift und Papier, ein Synonymwörterbuch, sowie einen Kassettenrekorder.

Die Übung:

1 Meiner Erfahrung nach ist für einen objektiven Überblick der
Tagebücher vor allem wichtig, das Tagebuch mindestens ein,
zwei Wochen lang nach dem Schreiben überhaupt nicht zu lesen.
Beim Schreiben sollten Sie außerdem doppelten Zeilenabstand
und auch einen fünf Zentimeter breiten Rand auf einer Seite des
Blattes lassen.

2. Nach den zwei Wochen nehmen Sie sich jedesmal zwei Stunden
am Stück Zeit; sorgen Sie dafür, daß Sie nicht gestört werden und
lesen Sie alle Einträge aus der vorausgehenden Periode in einem
durch. Beim Lesen und bei der Erinnerung an das, was in den
zwei Wochen passiert ist, werden damit verbundene Fragen, Gedanken, Einsichten, Zeichnungen, Gekritzel hochkommen, die
Sie am Rand notieren können. Dann lesen Sie weiter. Unterstrei-
chen Sie auch die Schlüsselgedanken und Wörter, auf die Sie
beim Durchlesen emotional reagieren.

3. Dann gehen Sie das Tagebuch noch einmal durch und schreiben
in die Leerzeilen (den doppelten Abstand) über die unterstriche-
nen Wörter deren Synonyme (dabei hilft das Wörterbuch). Diesmal können Sie an den Rand schreiben, was Sie möchten.

174

4. Jetzt wird das Tagebuch noch einmal gelesen, diesmal laut und mit den Synonymen anstelle der ursprünglichen Wörter. Der Kassettenrekorder läuft mit.

5. Spielen Sie den Rekorder noch einmal ab. Beim Zuhören werden weitere damit assoziierte Gedanken und Kommentare an den Rand geschrieben.

6. Mit Hilfe der Randnotizen schreiben Sie jetzt zwei, drei Absätze als Zusammenfassung über das aktuelle Tagebuch. Schreiben Sie auch auf, welche Bereiche Sie noch eingehender studieren bzw. in der Meditation betrachten wollen.

7. Alle drei Monate werden die Zusammenfassungen – alle oder auch nur bestimmte – noch einmal gelesen. Sie werten aus, ob und welche Ihrer Gedanken, Fragen, Interessen und Einsichten Sie weiterverfolgt haben und machen einen schriftlichen Plan für die nächsten drei Monate.

Glossar

Autonomes Nervensystem: Ein Teil des Nervensystems, welches mit Reflexkontrolle von körperlichen Funktionen zu tun hat, zum Beispiel Drüsen, weiches Muskelgewebe, das Herz.

Chakra: Supraphysisches Bewußtseinszentrum.

Chemische Bindung: Die Kraft, durch die Atome in Molekülen oder Kristallen zusammengehalten werden.

Feld: Ein Bereich, in dem eine Kraft wirkt oder eine Kraft ausgeübt wird; eine hypothetische, in einem Raum hergestellte »Bedingung«; zum Beispiel in Beziehung zum persönlichen Selbst des Menschen:

1. Konzeptuelles Feld:
   Supraphysische, einigende Grundlage für alle Wege des Bewußtseins des persönlichen Selbst. Durchdringt sich mit dem psychodynamischen Feld, dem Lebensenergiefeld und dem physischen Körper.

2. Psychodynamisches Feld:
   Supraphysischer Bereich der Emotionen des persönlichen Selbst. Durchdringt sich mit dem Lebensenergiefeld und dem physischen Körper.

3. Lebensenergiefeld:
   Supraphysischer Energiezustand, der sich mit dem physischen Körper durchdringt und ihn vitalisiert.

Hemiplegie: Halbseitige Lähmung des Körpers.

Hologramm: Dreidimensionales Bild aus der Interferenz von Lichtstrahlen aus einer kohärenten Lichtquelle; eine Photographie des Interferenzmusters, die bei richtiger Beleuchtung ein dreidimensionales Bild produziert.

Intentionalität: Sinn- und zweckgerichtetes Verhalten.

Kanda: Supraphysische Stelle im Wurzelchakra (muladhara, Sanskrit), aus der die Nadis entspringen.

Kundalini: Schöpferische Energie, die in latenter Form im Wurzelchakra sitzt.

Lebenszeichen: Biologische Indikatoren des Lebens; zum Beispiel Atmung, Pulsschlag, Körpertemperatur.

Lîlâ: Sanskrit: Spiel, Belustigung.

Mantra: Die Sanskrit-Wurzel »man« bedeutet soviel wie denken; ein gedankliches Werkzeug; Kraft in Form von Klang.

Menschliches Energiefeld: Komplex mehrerer, sich gegenseitig durchdringender Energiefelder des persönlichen Selbst (siehe oben); dazu gehören unter anderem das elektromagnetische Feld, die Schwerkraft, schwache und starke atomare Kräfte.

Meta-Bedürfnisse: Menschliche Bedürfnisse einer höheren Ordnung, die über die Überlebensbedürfnisse hinausgehen.

Nadis: Supraphysische Energiekreisläufe.

Neuropeptide: Botenmoleküle aus Aminosäuren, die Stimmungsschwankungen, Schmerzen und Lust verursachen können.

Offenes Energiesystem: Auf den Menschen bezogen ein organisierter Körper von Bioenergien, die kontinuierlich in, durch und aus den biologischen Systemen fließen.

Ordnung: Verleiht Geschehnissen in Raum und Zeit eine Bedeutung. Zum Beispiel (vgl. David Bohm):

1. Explizite Ordnung:»Entfaltet« Ordnung, die in Raum und Zeit strukturiert ist;»das, was ist«.

2. Implizite Ordnung:»Eingefaltete« Ordnung; jeder Bereich enthält in sich latent eine Struktur;»das, was sein soll«.

Ordnungsprinzipien: Grundlagen, die der Sequenz oder dem Muster eines Ereignisses oder einer Verhaltensweise zugrunde liegen.

Prana: Lebensspendende Vitalkraft; Atem.

Supraphysisch: 1. Über.

2. Darüber hinausgehend; zum Beispiel: die rohen physischen Energien in subtile Lebensenergien transzendierend.

Telerezeptor: Ein Sinnesorgan, das aus der Ferne stimuliert wird; zum Beispiel das Ohr: Es hört Geräusche, die aus der Ferne kommen.

Thymusdrüse: Lymphoidorgan am Ansatz des Brustbeins; produziert Lymphozyten für die Immunabwehr.

Universales Feld: Im Prinzip Felder, die sich durch das ganze meßbare Universum erstrecken.

Universales Lebensenergiefeld: Hat die Kraft, die Vitalität, also die Lebensenergie, wieder aufzufüllen.

Zeichen: Subjektive Signale, die der Therapeut in der Therapeutic-Touch-Einschätzungsphase im Energiefeld des persönlichen Selbst des Klienten wahrnimmt.

Zentrieren: Fokussieren des Bewußtseins auf den Herzbereich und Erfahrung dieses Zustandes als innere Ruhe.

Literatur

Achterberg, Jean: *Gedanken heilen. Die Kraft der Imagination. Grundlagen einer neuen Medizin.* Reinbek 1990
Achterberg, Jean: *Heilen mit inneren Bildern.* 1996
Achterberg, Jean: *Rituale der Heilung. Die Macht von Phantasiebildern im Gesundungsprozeß.* München 1996
Achterberg Jean, Lawlis, F.: *Imagery of Cancer: A Diagnostic Tool for the Process of Disease.* Champagne, IL, USA 1978
Ader, R. (Hg.): *Psychoneuroimmunology.* New York 1986
Avalon, Arthur: *Die Schlangenkraft. Die Entfaltung schöpferischer Kräfte im Menschen.* München 1971
Beston, H. *The Outermost House.* New York 1928
Bohm, D.: *Wholeness and Implicate Order.* London 1980
Cannon, W.: *The Wisdom of the Body.* London 1932
Capra, Fritjof: *Das Tao der Physik. Die Konvergenz von westlicher Wissenschaft und östlicher Philosophie.* München 1984
Cohen, K.: »External Qi Healing: The Chinese Therapeutic Touch.« *Qi – The Journal of Traditional Eastern Health und Fitness,* Summer 1993, S. 10–17
Govinda, A.: *A Creative Meditation and Multi-Dimensional Consciousness.* Wheaton, IL, USA 1976
Green, E. und A.: *Beyond Biofeedback.* New York 1977
Karagulla, Shafica, VanGelder-Kunz, Dora: *Die Chakras und die feinstofflichen Körper des Menschen.* Grafing 1994
Krieger, Dolores: *Die Heilkraft unserer Hände.* Freiburg 1995
Krieger, Dolores: *Accepting Your Power To Heal: The Personal Practice of Therapeutic Touch.* Santa Fe, USA 1993
Krieger, Dolores, Peper, E., Ancoli, S.: »Searching for Evidence of Physiological Change.« *American Journal of Nursing,* Vol. 79, S. 660–662
Krippner, Stanley: *Human Possibilities.* New York 1980
Krippner, Stanley, Vollodo, A.: *The Realms of Healing.* Millbrae, CA 1976
Kunz, Dora: »Compassion, Rootedness and Detachment: Their Role in Healing.« In *Spiritual Aspects of the Healings Arts.* Wheaton, IL, USA 1985, S. 289–305
Kunz, Dora: *Die Aura. Farben und Symbole des menschlichen Energiefeldes.* Grafing 1994
LeShan, L.: *The Medium, The Mystic And The Physicist.* New York 1974
Maslow, Abraham: *Psychologie des Seins. Ein Entwurf.* Frankfurt
Mutwa, C.: *My People.* Tribridge, Kent 1969
Pelletier, K.: *Mind The Healer, Mind The Slayer: An Holistic Aproach to Preventing Stress Disorders.* New York 1977

Peters, David u.a.: »Clinical Forum: Chronic Fatigue.« *Complementary Therapies in Medicine,* January 1996, Vol. 4, # 1, S. 31–36

Pribram, K.: »Problems Concerning the Structure of Consciousness.« In *Consciousness And The Brain.* New York 1976

Sheldrake, Rupert: *A New Science Of Life: The Hypothesis of Formative Causation.* London 1981

Schatz, A., Carlson, K.: »The Integration of Swedish Massage and Therapeutic Touch.« *Massage and Bodyworks.* Spring 1955, S. 51–55

Simoton, O. Carl, Simoton, Stephanie, Creighton, James: *Wieder gesund werden. Eine Anleitung zur Aktivierung der Selbstheilungskräfte für Krebspatienten und ihre Angehörigen.* Reinbek 1992

Tart, Charles: *States of Consciousness.* New York 1975

Tart, Charles: *Die innere Kunst der Achtsamkeit. Ein Handbuch für das Leben im gegenwärtigen Moment.* Freiamt im Schwarzwald 1996

Tart, Charles: *Hellwach und bewußt leben. Wege zur Entfaltung des menschlichen Potentials.* Freiamt im Schwarzwald 1995

Weber, R.: *Dialogues with Scientists and Saints.* London 1986

Wilber, K.: *The Atman Project: A Transpersonal View of Human Development.* Wheaton, IL, USA 1980

Kontaktadressen

Informationen über Therapeutic Touch erhalten Sie über:

Deutsches Institut für Therapeutic Touch
c/o Sabine Dietrich
Herchenbachstr. 11
51491 Overath
Tel./Fax 02206/3944

Institut für Therapeutische Berührung
c/o Evelyn Suchanek
Tel./Fax 0043/2262/7 32 37

Zur Autorin

Das Leben von Dr. Dolores Krieger ist für manche paradox: Sie lebt gleichzeitig in zwei Welten, und in jeder kam sie zu Ruhm und Ehre. In der akademischen Welt erhielt sie den Titel eines Professor Emeritus der Universität New York und ist eine der führenden Köpfe in der Forschung, bei der Entwicklung neuer Theorien und bei der humanistischen Umsetzung von Heilpraktiken im klinischen Umfeld.

1972 entwickelte Dr. Krieger zusammen mit ihrer Kollegin Dora Kunz das »Therapeutic-Touch«-Konzept, eine zeitgenössische Interpretation alter Heilpraktiken. Therapeutic Touch wurde speziell als Zusatzqualifikation für Menschen entwickelt, die in heilenden und helfenden Berufen tätig sind. Mit ihrer Forschungsarbeit hat Dr. Krieger den Nachweis erbracht, daß Therapeutic Touch eine sichere und praktizierbare Methode ist. Und so gibt es seit 1984 Therapeutic Touch für alle Menschen – auch für Kinder und Jugendliche. Inzwischen wird Therapeutic Touch an über 100 Colleges und Universitäten in den Vereinigten Staaten und 75 weiteren Ländern gelehrt.

Seit 1975 ist Therapeutic Touch voll anerkannter Bestandteil im Lehrplan von Colleges und Universitäten, eine historische Pioniertat auf dem Gebiet der alternativen Medizin.

Auch im persönlichen Leben spiegeln sich Dr. Kriegers vielseitige Interessen wider: organisches Gärtnern, Holzschnitzen, Steinesammeln, vorgeschichtliche Steinzeichnungen entziffern, alte Steinzäune wieder aufbauen. Sie unterstützt all das, was das Leben bejaht, so auch den Pflanzen- und Tierschutz und auch den Schutz gefährdeten Menschenlebens sowie weltweit praktizierbare landwirtschaftliche Anbaumethoden.

Chaoyang Fan/Josef Hummelsberger/Gerlinde Wislsperger

Tuina

Eine altchinesische manuelle Therapie
neu entdeckt

*195 Seiten mit zahlreichen, teilweise farbigen Abbildungen und Fotos,
Festeinband*

Tuina, ein Bestandteil der Traditionellen Chinesischen Medizin
(TCM), ist eine Kombination aus klassischen Massagetechniken,
Akupressur, speziellen Griffen und chiropraktischen Manipulationen.
Die Tuina-Behandlung ist hochwirksam bei allen Problemen des
Bewegungsapparats, bei inneren Krankheiten und vor allem auch in
der Kinderheilkunde.
Das Buch beschreibt nach einer Einführung in die Grundlagen der
TCM präzise und ausführlich Funktionsweise und Anwendungs-
möglichkeiten sowie die wichtigsten Tuina-Griffe in Wort und Bild.
Mit vielen Behandlungsbeispielen aus der Praxis, besonderen
Methoden zur Selbstmassage und Gesunderhaltung und einem
ausführlichen Glossar – eine wertvolle Möglichkeit sowohl für
Therapeuten wie auch für Laien.

IRISIANA

Craniosacral Rhythmus

Praxisbuch zu einer sanften Körpertherapie
Mit einem Vorwort von Ruediger Dahlke

*233 Seiten mit 60 s/w-Fotos und zahlreichen Abbildungen sowie
einem Behandlungsprotokoll und einem herausnehmbaren Poster mit
Behandlungsabläufen, Festeinband*

Die Craniosacral-Behandlung ist eine sanfte, manuelle Form der
Körperarbeit, die sich hervorragend für alle streßbedingten
Symptome eignet. Selbstbehandlungstechniken und geführte
Meditationen tragen dazu bei, Anspannung und Entspannung in
einem gesunden Maß auszubalancieren. Das Buch informiert
anschaulich in Wort und Bild über Vorkenntnisse, Wirkungsweise und
grundlegende Techniken der subtilen und heilungsunterstützenden
Craniosacral-Therapie.
Sowohl für Laien wie auch für die therapeutische Praxis geiegnet.